"Marvin Charles nació para ser líder. Él ha superado una niñez caótica, comportamientos adictivos y muchas pobres decisiones en cuanto a ser un esposo comprometido, un padre humilde y un pionero en el esfuerzo nacional por restaurar las relaciones paternofiliales.

El liderazgo en tierra de Marvin en la ciudad de Seattle ha ayudado a cientos de padres e hijos a reconectarse entre sí. El éxito de su programa D.A.D.S., y sus resultados, distinguen a Marvin entre muchas iniciativas para buscar una mejora en el bienestar del niño, a través de una paternidad responsable. En su primer libro, *Ser Padres: Una misión para restaurar padres ausentes*, él revela su historia, y la estrategia y lecciones que ha aprendido con respecto a fortalecer el vínculo paternofilial en medio de las circunstancias más difíciles.

Yo apoyo de todo corazón, y creo que Marvin y D.A.D.S. están dejando un legado que va perdurará. Su libro hace una contribución importante a nuestro entendimiento del papel que deben tomar los padres en las vidas de sus hijos, y como iniciarlo, aun si están en un punto cero. Adquiere una copia, es una lectura rápida y vas a obtener grandes revelaciones en cada capítulo."

Ken R. Canfield, Fundador, National Center for Fathering
(Centro Nacional para la Paternidad)

"La historia de Marvin Charles te llevará en una travesía de la desesperanza a la victoria, de la ruina a la restauración. Su épica misión de restaurar a los padres ausentes es significativa para cualquier persona que se preocupe por el profundo impacto de la falta de paternidad en esta nación. Lee *Ser Padres*. No importa a dónde estés, vas a encontrar esperanza, encontrar visión, encontrar coaching e inspiración. En ciudades y suburbios, en misiones de rescate, prisiones o en cualquier otra parte, ¡esta historia y misión se debe extender!"

Jeff Kemp, exjugador de ataque de la NFL, VP, FamilyLife,
y autor de *Facing the Blitz*

"*Ser Padres*, Desde su primera oración, te atrapa y te mantiene cautivo hasta su conclusión. Te rompe el corazón, y justo cuando piensas que no se puede tornar peor–¡lo hace! Pero Marvin se rehúsa a renunciar, no solo en sus esfuerzos por romper su propia cadena de dolor, sino la de su familia y su comunidad, también. ¡Esta es una historia increíble de esperanza, fe y transformación! Alguien la debería de convertir en una película acerca de la historia de redención de Marvin y Jeanett."

Dr. Clarence Shuler, Presidente/CEO,
Building Lasting Relationships

"Nuestros corazones tienen hambre de verdaderas historias de redención. Sin embargo, a menudo, las historias transformadoras de un antes y después suenan muy bien como para ser reales. Tal no es el caso de este relato de la vida de Marvin y Jeanett Charles. Es dolorosamente detallada, al describir honestamente el abandono, rechazo y las malas decisiones. La vida es desordenada y no hay una resolución atractiva, dulce, mágica o envuelta con un lazo hermoso. Más bien, Marvin y Jeanett reflejan con honestidad las decisiones diarias que se necesitan para continuar caminando "la vida derecha." Nos invitan a enfrentar con honestidad, valentía y confianza la decisión diaria de buscar la redención Divina de las consecuencias de nuestro pasado y los dolores del presente, anticipando la gozosa esperanza del futuro.

Existe, sin embargo, otra dimensión a su historia, una que nos habla. A todos. Es la historia de nuestra búsqueda de un hogar, un lugar donde estemos seguros, seamos conocidos, bienvenidos y aceptados. A través de sus propias pérdidas y restauración, Marvin y Jeanett han sido usados por Dios para ayudar a miles de otros a venir a casa–y yo creo que hay nada que nuestro mundo huérfano y desamparado necesite más que experimentar el abrazo de bienvenida de nuestro Padre Celestial, y el abrazo humano de los nuestros en tierra."

Tim Dearborn, PhD., Director, Ogilvie Institute
for Preaching, Fuller Theological Seminary

SER PADRES

SER PADRES

Una misión para restaurar
a padres ausentes

Marvin Charles
con Jamie Bohnett

Prólogo por
Eugene Peterson

Ser Padres: Una misión para restaurar a padres ausentes
Segunda Edición, Español, 2025
© 2016, 2025 por Marvin Charles

Todos los derechos reservados. Ninguna porción de esta publicación puede ser reproducida, almacenada digitalmente o transmitida por cualquier otro medio—electrónico, mecánico, fotocopia, grabación o demás—excepto por cita breve en artículos o diarios, sin el permiso anticipado del publicista, excepto como provisto bajo la ley de Derechos Reservados de los Estados Unidos.

Versículos citados son de La Santa Biblia, Nueva Traducción Viviente, © Tyndale House Foundation, 2010. Todos los derechos reservados.

Para ordenar:
Visita http://www.aboutdads.org

También disponible en http://www.amazon.com

ISBN: 978-1-952943-48-5

Editorial & Book Packaging: Inspira Literary Solutions, Gig Harbor, WA I
Impreso en los Estados Unidos por Ingram Spark, Nashville, TN

*A mi hermosa esposa, Jeanett, y a mis 8 hijos:
Dontay, Nick, Marvin Jr., Jeffrey, Lyric,
Devotion, Marvette, y Jamie*

*Marvette, tú fuiste quien realmente provocó
que iniciara esta travesía.*

TABLA DE CONTENIDOS

Reconocimientos   xi
Prólogo   xiii
Prefacio   xv
Introducción   xvii

Capítulo 1   Dándole un rostro al padre ausente   1
Capítulo 2   Comienza mi historia   13
Capítulo 3   Un año trascendental   27
Capítulo 4   Vida en el lado oscuro   35
Capítulo 5   Paternidad no planificada   47
Capítulo 6   El camino hacia la recuperación   59
Fotos de la familia Charles   78
Capítulo 7   Las causas y efectos de la falta de paternidad   89
Capítulo 8   Revirtiendo la maldición   105
Capítulo 9   Trabajando dentro del sistema   121
Capítulo 10   Esperanza y apoyo para el viaje   141
Capítulo 11   Ser el padre que un niño necesita   149

Acerca de D.A.D.S   167
Acerca de los autores   175
Notas finales   177

RECONOCIMIENTOS

Le quiero expresar mi más sincero aprecio a las muchas personas de los diferentes sectores de mi vida que han contribuido en mi vida y en este libro. Haré mi mejor intento por recordar a cada uno de ustedes, pero, si no lo logro, por favor, adúcelo a mi mente y no a mi corazón:

A mis padres de nacimiento, Doris y Willie, quienes me dieron la vida, y a los hermanos y hermanas con quienes me tuve la fortuna de reunir antes de que terminara esta vida: Benoris, Audrey, Chris y Hulett.

Edward y Nora Charles, quienes tuvieron la valentía de tomar a dos niños adoptivos y criarlos como suyos.

Mi hermana, Marion Charles, mis sobrinas, Chessie y Lashawntae, y sobrinos, Juion y Terence, quienes vieron el lado oscuro y también han sido testigos de mi vida en la luz.

Mis hermanos, Rick y Wesley Cotton, quienes me dieron mi primer vistazo a lo que anhelaba tener al crecer—una familia que me llamara "hijo," y, Wesley y Emma Cotton quienes realmente me llamaron su hijo: Marvin L. Charles-Cotton.

Mi tío Larron, el mejor tío que podría tener un sobrino.

RECONOCIMIENTOS

La señora Valerie Colursurdo, quien, cuando yo tenía 18 años, me dio un lugar para vivir, y cuando yo pregunté, "¿Cómo te podré pagar todo lo que has hecho por mí?" simplemente dijo que lo transmitiera a otro.

A mi querido amigo, el pastor Clarence Shuler, quien oró por mí y marcó sobre mí lo mucho que Dios me amaba y aquellas cosas sorprendentes que Él me confiaría.

A todas las personas que contribuyeron a que este libro fuera posible: Johnnie Gage, Levi Fisher, Ken & Dee Canfield, Art & Janet Kop- icky, Allen & Margret Belton, Al & Doris Gillet, Paul & Susan Moulton, Matthew & Amy Welch, Sue Gilbert, Katie Tormey, Tyler & Kim Gorsline, Tyler & Jenn Jones, Michael Rogers, Ste- fano Gaudiano, Eddie Wang, Heidi Blake, Jim & Sara Caldwell, Debra Ronnholm Kevin Vitulli, Dennis Trittin, John Hamer, The Grove Family, Brenda Campbell, James Norris, Shane Morrison, Michelle, Brandon Jeremy Bohnett y Richard Humphreys.

David & Amy Pashane, Dave Ederer, Scott & Sara Campbell, Conrad & Judy Jacobsen and the Jacobsen Family, Randy & Heather Brothers y Don Valencia

Jamie Bohnett y su esposa Colleen, quienes creyeron en lo que queríamos hacer desde el principio, y, razón por la cual mi hija se llama Jamie.

PRÓLOGO

Escribí en el prefacio de la edición del vigésimo aniversario de *A Long Obedience in the Same Direction (Una larga obediencia en la misma dirección)*, "Dios no cambia: Él busca y salva. Nuestra respuesta ante Dios, mientras Él se revela a sí mismo en Jesús, no cambia: escuchamos y seguimos. O no lo hacemos. Cuando estamos tratando con lo básico—Dios y nuestra necesidad de Dios—estamos en lo más bajo. Iniciamos cada día por el principio, sin adornos."[1]

Yo escribí estas palabras el mismo año en el que Marvin Charles y su esposa, Jeanett, lanzaron un ministerio para hombres, ayudándolos a escuchar y seguir a nuestro Padre, y a ser restaurados con sus hijos. El libro de Marvin es la historia de Dios y de las consecuencias de nuestra propia escucha y seguimiento—o no. Es una historia dolorosa de pérdida—la pérdida de un padre y de la paternidad, la pérdida de la dignidad y esperanza, y la pérdida de carácter ante la adicción y la indulgencia. Lamentablemente, es una historia comúnmente repetida a lo largo de nuestra historia y nuestra nación. Más del 50% de los niños afro estadounidenses crecen en hogares sin sus padres biológicos y el 39% de todos los niños en edad escolar en los Estados Unidos carecen de sus padres en casa. Millones viven vidas carentes de un padre. Las consecuencias personales y sociales de esto están trágicamente documentadas en este libro por medio de la historia de Marvin.

Al mismo tiempo, es una hermosa historia acerca de ser encontrado–ser encontrado por nuestro Padre Celestial y ser encontrado por personas de bondad y compromiso quienes le dan la bienvenida al desechado. Esa, también, es una historia maravillosamente repetida a través de la historia y de nuestra nación. Es una historia que vale la pena repetir una y otra vez. Es la historia del pródigo bienvenido en casa.

En la historia de ser encontrado, también encontramos la historia de ser reunido. En su reunión con Dios, Marvin también encontró su reunificación con sus siete hijos, y su madre y padre a quienes nunca había conocido. Esta reunificación es la historia de Dios redimiendo todas las cosas, y haciendo nuevas todas las cosas.

Marvin y Jeanett Charles han entregado sus vidas, nuevamente encontradas, a ayudar a otros hombres a encontrar el amor del padre, y a ser reunificados como padres de sus hijos. Es una historia que necesitamos escuchar y seguir, ya que es la historia de Dios.

~Eugene Peterson
Enero, 2016

PREFACIO

He tenido el privilegio de conocer a Marvin y a Jeanett Charles desde el año 2000 cuando nos contactamos debido a nuestro deseo común de abogar por una paternidad comprometida en el área de Seattle. Nuestra amistad creció más fuerte con los años, mientras criamos a nuestros hijos y luego verlos internados en la paternidad. Nos hemos ayudado a caminar a través de aguas profundas, a veces, en diferentes momentos de nuestra amistad. Marvin y Jeanett me bendijeron llamando a su hija menor después de mí, una hermosa niña llamada Jamie.

En el otoño del año 2012, Marvin y yo nos sentamos para almorzar en un restaurante Denny's sobre la Interestatal 405 en Bellevue, Washington, y yo le dije que estaba sorprendido que nadie hubiera escrito aun su historia. Su respuesta fue: "¿Por qué no me ayudas a hacerlo?" Durante los próximos tres años trabajamos en su historia y la historia de D.A.D.S, en la que Jeanett jugó un papel crucial. EN el proceso de Martin relatar su travesía, obtuvo unas valiosas revelaciones nuevas con respecto a lo que Dios lo había llevado y eso aumentó más nuestro vínculo como amigos.

Después de caminar con Martin durante los pasados 15 años o más, y aun más de cerca en los pasados cuatro años, puedo decirte con confianza que él es "algo real"–y que el ser su amiga es una de las alegrías más grandes que Dios me ha concedido en esta vida. Espero, sinceramente, que disfrutes al leer su historia de cómo se convirtió en un padre responsable y comprometido.

Al Dios "revertir le maldición" en su vida, él ha podido ayudar efectivamente a una cantidad insondable de hombres a hacer lo mismo, a través de la organización sin fines de lucro que Jeanett llamó, de manera apropiada: "D.A.D.S." (Divine Alternatives for Dads Services–Servicios de Soluciones Divinas para Padres).

Jamie Bohnett
Bellingham, Washington
Enero, 2016

INTRODUCCIÓN

La mayoría de los que abogan por los niños estarán de acuerdo en que casi todos los males sociales que enfrentan los niños en los Estados Unidos están relacionados con la falta de un padre.

En los Estados Unidos, hoy día, más de 18 millones de niños viven en un hogar sin la presencia física de un padre. Millones más tienen padres que están físicamente presentes, pero emocionalmente ausentes. Si la falta de un padre fuese clasificada como una enfermedad, sería, sin duda, una epidemia certificada, digna de atención como emergencia nacional.

Si aun no estás convencido, echa una mirada a las estadísticas:

- Un estudio reciente del Centro de Investigaciones Pew, con 130 países y territorios demostró que los Estados Unidos tiene el rango más elevado en el mundo de niños viviendo en hogares monoparentales. En comparación, 3% de los niños en China, 4% de los niños en Nigeria y %% de los niños en la India viven en hogares monoparentales. En el vecino, Canadá, el rango es de 15%.[2]

- En los Estados Unidos, datos del 2022 indican que cerca de un 80% de hogares monoparentales son liderados por

INTRODUCCIÓN

- madres solteras, y que hay aproximadamente 18.3 millones de niños que viven sin un padre en el hogar.[3]
- Un 31.5% de los niños están viviendo en hogares sin su padre biológico.[4]
- Estudiando más a fondo las estadísticas, el 57.6% de los niños afrodescendientes, 31.2% de los niños hispanos y 20.7% de los niños blancos viven con sus padres biológicos ausentes.[5]

Muchas personas, hoy día, no entienden por qué la falta de un padre es de tanta amenaza para los niños y las familias. Es porque hemos sido programados para ver los síntomas del problema–ya sea crimen juvenil, embarazos fuera del matrimonio, drogadicción o violencia de pandillas–en lugar de la causa. Creo que debemos tomar un abordar más sistémico.

Cuando hablo con grupos acerca de la devastación que causa la falta de paternidad en el área urbana de los Estados Unidos, la equiparo con el virus del SIDA. El SIDA no mata por sí mismo, sino que lo que hace es descomponer el sistema inmunológico de la persona, y hacer que la persona sea susceptible a infecciones. Las infecciones son las que matan a las víctimas del SIDA. De la misma manera, la ausencia de un padre en el hogar expone a la familia a todo tipo de destrucción, incluyendo los "síntomas" mencionados anteriormente.

Podríamos señalar con el dedo a todas partes a quién o qué debemos culpar por el estado actual del asunto. La realidad es que es una tormenta perfecta por una variedad de factores, los cuáles pretendo ilustrar en los siguientes capítulos.

INTRODUCCIÓN

Tú Puedes Hacer una Diferencia

Me doy cuenta de que hay varias categorías de personas leyendo este libro y estoy agradecido por el tiempo y el interés que estás tomando al hacerlo. También me quiero dirigir a tres segmentos particulares de mi audiencia:

1. Eres un hombre medio de la situación descrita en este libro. Has estado por fuera de la vida de tus hijos y quieres entrar. Estás ingresando desde circunstancias algo difíciles y necesitas consejo acerca de los próximos pasos para convertirte en un padre más involucrado en la vida de tus hijos. **Quieres ayuda, apoyo y entrenamiento.**
2. Eres una persona de la población general que reconoce los efectos devastadores de la falta de un padre en nuestra sociedad y en nuestra nación. **Tú quieres hacer la diferencia.**
3. Estás involucrado laboralmente en el trabajo social, el sistema legal o en una organización sin fines de lucro y trabajas regularmente con familias como las que se describen en este libro. Entraste en este campo con un cierto sentido de idealismo, pero desde entonces has visto varias situaciones que te entristecen. Te podrías sentir desilusionado y defraudado. **Tú quieres una visión y pasión renovada por tu misión.**

Cualquiera que sea la categoría en la que estés, espero que te puedas llevar de este libro una visión renovada y herramientas prácticas para el camino que tienes por delante. Si cada uno de nosotros hacemos nuestra parte, podemos hacer toda la diferencia en la vida de nuestras familias y comunidades, y de los escombros de nuestras vidas y familias rotas, se puede levantar una nueva vida y esperanza. Hay una canción que también lo dice:

INTRODUCCIÓN

Sí, nos levantaremos
De las cenizas, nos levantaremos
De este problema que he enfrentado
Y este escombro en el suelo
Me levantaré
Porque el que está en mí
Es mayor que lo que jamás yo seré
Y me levantaré[6]

Yo creo que le podemos dar un giro a nuestras comunidades restaurando los padres hacia sus hijos.

Pero, para poder hacer eso, *debemos* alcanzar a los padres ausentes con un mensaje de esperanza y una visión para el futuro–así como con apoyo práctico y recursos. También, necesitamos alcanzar otros rincones de la sociedad, y a aquellos que trabajan en el "sistema," educando a personas acerca de los verdaderos temas que comprometen a las familias y que dan energía al ciclo de abandono y falta de paternidad.

Esa es la misión de este libro.

Desde que fundé D.A.D.S. (Divine Alternatives for Dads Services–Servicios de Alternativas Divinas para Padres), hace más de 25 años, con mi esposa, Jeanett, he descubierto que este elefante se puede comer un mordisco a la vez. Eso es, en lugar de desperdiciar tanta energía quejándote acerca del sistema actual, es de mucha más ayuda empoderar a los hombres para navegar exitosamente el sistema que ya existe. Todavía abogamos por la reforma de los sistemas, cuando es posible. Pero, mientras tanto, podemos dar pasos gigantes empoderando y equipando a los padres en su trato con "el sistema", y entrenar y motivarlos para ser líderes fuertes y vitales en sus familias.

INTRODUCCIÓN

Muchos de quienes han estado involucrados con D.A.D.S. terminan, no solo dando un giro a las cosas por ellos mismos y sus familias, sino también, descubriendo un nuevo propósito de vida. Pueden ver cómo su propia experiencia puede ser una plataforma para ayudar a otros hombres que están tratando de vencer desafíos similares.

Uno de mis versículos favoritos en la Biblia viene de la vida de José, cuando él, finalmente, se reveló a sus hermanos quienes maliciosamente lo habían dejado para morir en el desierto, "Ustedes se propusieron hacerme mal, pero Dios dispuso todo para bien. Él me puso en este cargo para que yo pudiera salvar la vida de muchas personas." (Génesis 50:20). Dado el caso que un hombre se ve a sí mismo como un "padre ausente" como por acto propio o como resultado de haber nacido en una familia sin padre, o una combinación de ambas, todo hombre todavía tiene la oportunidad de volverse a Dios y seguir "alternativas divinas," no solo por el bien de sus hijos y los hijos de sus hijos, sino también por el de los otros hombres en la comunidad.

No importa lo difícil de la situación en la que un hombre se pueda encontrar, él le puede dar un giro a su vida y convertirse en un padre comprometido e involucrado. La confianza que tengo acerca de esto se basa en la evidencia de innumerables hombres– incluyéndome a mí mismo– que han vencido los muchos obstáculos para construir un mejor futuro para ellos mismos y sus hijos.

Los hombres que me conocían de mi vida anterior, o aquellos que echan un vistazo a mi historia, sentirán, *¡Wow! ¡Si él pudo cambiar las cosas, de seguro yo también puedo!* Mi historia, la cual vas a leer en las siguientes páginas, ilustra que "Dios no llama a los calificados, sino que califica a los llamados." Al leer este libro, es mi esperanza

INTRODUCCIÓN

que tú no veas esto como "la historia de Marvin" o incluso, "la historia de D.A.D.S." Quiero que puedas entender los graves peligros de la falta de paternidad en los Estados Unidos, especialmente, entre las familias de bajos ingresos. Quiero que entiendas cómo los sistemas han sido establecidos por políticas gubernamentales bien intencionadas, han agravado el problema de la falta de paternidad. Cuando, juntos, tengamos un entendimiento de los verdaderos problemas, y sus raíces, podemos comenzar, como comunidad y como nación, a darle un giro a las cosas.

Esta es mi esperanza. Espero que me acompañes en ella.

"Ser un padre, para nuestros propios hijos o los de alguien más,
o ser algo como un padre
—un tío, un mentor, un entrenador, un maestro, un terapeuta—
es la manera verdadera de ser un hombre.
Obtenemos nuestra masculinidad, no al hondearla en astas o midiendo
y probándola delante de multitudes vitoreando
sino enseñándola a niños y niñas,
y a hombres y mujeres que no han conocido a un hombre de cerca
y no saben de qué trata la verdadera masculinidad.
Si los hombres criaran a niños,
no solo salvaría al mundo en una generación o dos,
salvaría sus vidas."

—Frank Pittman, *Suficiente hombre*

CAPÍTULO UNO

Dándole un rostro al padre ausente

El hombre estaba fuera en la calle a la media noche en Seattle, Washington, bajándose una lata de 64 onzas de licor de malta que recién había comprado en la tienda de conveniencia con los cinco dólares que se había rebuscado. Era una noche de noviembre fría y sin nubes.

Alzó la mirada al cielo, donde podía ver claramente la luna. "Señor, iré a casa." Las palabras cayeron planamente de su boca, más como un deseo de muerte que como una esperanza de renovación. A sus 43 años, su vida no iba a ninguna parte, y no sabía qué hacer o a dónde ir. Se sintió realmente perdido y totalmente solo. Mientras vagaba de regreso al apartamento de su novia, fue recibido por lo que parecía lo único que siempre escuchaba... más malas noticias.

"Estoy embarazada de nuevo," le dijo con tristeza. El hombre pensó para sus adentros, *Acaba de nacer un niño, ¿y ahora otro bebé viene de camino?* Sintió un dolor agudo en el hueco de su estómago. El único dinero que estaba ingresando era lo poco que ganaba como un trabajador de día, y los $1,000 que podía recibir por el cheque de devolución de impuestos del gobierno. Lo que él antes pensaba como "siempre nuevo"–ir de trabajo en trabajo, inhalando crac con su novia para escapar de su dolor–se estaba tornando bastante viejo.

Tenía seis hijos esparcidos por todo el sistema de cuidado postizo de Seattle y demás lugares. Ahora habría otro, este, entrando a un ambiente con crac. En lo profundo, él sabía que no podían criar a este niño de ninguna manera saludable.

Había comenzado fumando crac, de manera regular, con su novia y los amigos de ella, para sentirse mejor, halagándose de que él no era un "adicto" como ellos–como si su consumo de drogas estuviera bajo control. En realidad, él estaba tan atrapado en la adicción a como lo estaban ellos. En la raíz, él estaba tratando de adormecer el dolor que sentía. Sus hijos estaban siendo criados por extraños. Él les estaba pasando a ellos, en toda la inocencia que tenían, la misma maldición que él había heredado. Esto lo golpeó hasta lo más profundo.

¿Cómo llegó a este punto? Estaba abrumando por las consecuencias de años tomando malas decisiones, que parecían tener sentido en el momento. Se sentía atrapado por la mono parentalidad y una sensación maldita de responsabilidad no cumplida. Estaba enredado en su adicción y la confusa telaraña que había tejido alrededor de su vida y su identidad. Ahora, no parecía haber salida. Sentía como si estuviera siendo succionado hacia abajo en un embudo giratorio; solo giraba más y más rápido, arrastrándolo hacia su vórtex, y no tenía esperanza alguna de salir.

* * * * *

Nueve meses después, la pareja estaba sentada en el suelo sobre la mesa de la sala drogándose con crac. El hombre de repente notó un charco de lo que parecía agua en el suelo al lado de ellos. "¿Qué pasó?" preguntó él.

"No lo sé," respondió su novia llanamente, mientras continuaba inhalando de la pipa de crac. Era obvio para ella que había roto fuente y que el bebé ya venía de camino.

Su hija nació justo cuando estaban llegando al hospital. Sorprendentemente, el personal médico falló en no aplicar una prueba de drogas, y dos días después, la pareja fue dada de alta a su hogar.

Durante siete meses, la pareja siguió fumando crac, drogándose regularmente con toda la clase de locura que acompaña a ese estilo de vida. El hombre tomó el rol del cuidador primario de la bebé mientras que su novia estaba más profunda en su adicción que lo que estaba él. Comenzó a formar un vínculo con esta niña, a través de su cuidado diario de ella, aun en su estado de adicción.

Sin embargo, en lo que empeoraba el ciclo de la adicción, él supo que no podían continuar. Un día, él tomó a la bebé, agarró un par de latas de fórmula y cuatro pañales, y se fue–sin ningún plan de lo que haría luego de salir a esa mañana de aire gélido. Era un 22 de diciembre, de 1997, tres días antes de Navidad, pero no tuvo reparo alguno en eso. Él sabía que no existía ninguna "solución de Papá Noel" para la situación en la que él estaba.

Se bajó del autobús en el Centro Médico de Harborview, con la intención de dejar a la bebé en la puerta del hospital. Miró sus grandes ojos castaños y comenzó a llorar. ¿Cómo había llegado a esto? *Tengo 43 años, ¿y a esto ha llegado mi vida? Sin trabajo. Sin educación. Seis hijos viviendo en diferentes lugares y ahora van a ser siete. Ninguna esperanza de nada. Aun si la esperanza costara cincuenta dólares, no la podría comprar porque no creería que fuera real.*

Estando sentado ahí, en su miseria e indecisión, intentó lo único que sabía hacer cuando estaba realmente en problemas, clamó, "¡Dios, ayúdame!" Había ignorado a Dios por años, pero quién sabe—¿tal vez esta vez?

Justo al expirar su desesperada oración, se acordó de una mujer indigente que estaba a la vuelta de la esquina. Caminó hacia allí con la bebé, con la esperanza de obtener ayuda. Bajando las gradas, de camino al refugio, se topó con una mochila abierta. "Gracias, Dios," suspiró. Metió la fórmula y los pañales en la mochila y la puso sobre sus hombros, y llevó a la bebé al refugio. Gentilmente, lo orientaron a los Servicios de Protección Infantil y, aun con sus dudas, se dio cuenta de que no tenía ninguna otra alternativa.

Una trabajadora de los Servicios de Protección Infantil condujo al hombre y a la bebé de vuelta al apartamento para buscar los papeles necesarios para asegurar el trámite. Cuando ella abre la puerta, el hombre le dice a su novia, abruptamente, "Necesitamos entregar a la niña a Servicios de Protección Infantil." Renuentemente, firmó los papeles. Caminaron de vuelta al automóvil y el padre aseguró a la niña a su asiento para bebés y le dio un beso de despedida. "Papá tiene que arreglar las cosas. Papá te va a ver de nuevo," le dijo suavemente a su niñita. La trabajadora del caso cerró la puerta y partieron.

Mientras el auto bajaba por la calle, él reflexionó acerca de la injusticia que era todo esto—no para él, sino para su hija. Ella no merecía nada de esto. Ella no mereció nacer con cocaína en su sistema. Ella no mereció ser criada en un ambiente de drogas o sufrir las consecuencias de las decisiones de sus padres. Ella no mereció ir de hogar en hogar y nunca sentir el amor especial de mamá y papá.

El hombre amaba a su hija y la quería criar junto a su madre, pero, si alguna vez fuera a tener esa oportunidad, él sabía que la tenía que dejar ir... por ahora.

Personas reales, historias reales, barreras reales

Esta historia es bastante común, y todas las barreras que enfrentaría este hombre, si quisiera recuperar a su hija, son casi insuperables:

1. **Él es adicto a la cocaína,** un hábito que es más difícil de romper que la adicción a la heroína. La cocaína fue la elección particular de ese hombre, pero, muchos padres ausentes se vuelvan hacia otras drogas, algunos al alcohol. Una vez que comienzan a trabajar con los Servicios de Protección Infantil, pueden perder a sus hijos, incluso, por un solo vaso de cerveza o una copa de vino.
2. **Hay probabilidades de que este hombre ha estado en la cárcel y que la cárcel aún sigue dentro de él.** Él sabe que necesita encontrar un trabajo. Si ya tiene un récord y si sigue consumiendo drogas, tiene muy bajas probabilidades de ser contratado. Está estigmatizado por su pasado.
3. **Tiene tatuajes a causa de su tiempo en la cárcel.** Muchos hombres en la cárcel se tatúan con algún tipo de tatuaje distintivo que es común para los compañeros reos. Estos tatuajes pueden crear una barrera para que alguien sea contratado, ya que le dicen a un potencial empleador: "exconvicto."
4. **Muy probablemente no tuvo un padre en su vida,** por lo que sabe muy poco acerca de lo que significa ser un padre

comprometido con sus hijos. Los "tatuajes ocultos" de la falta de un padre pueden ser una gran barrera para que un hombre pueda avanzar como un padre responsable y proveedor.

5. **Lleva una vida entera de estar huyendo de las autoridades gubernamentales.** Para él poder recuperar a su hijo de la custodia del estado, necesitará hacer lo totalmente opuesto a lo que ha hecho su vida entera: someterse a una hueste de autoridades (Servicios de Protección Infantil (CPS), División de Apoyo Infantil (DCS), corte de familia, Junta de custodia, etc.) quienes, justificadamente, lo van a tratar con toda sospecha a causa de su pasado. Ellos no lo van a ver con amabilidad, ni van a "creer lo mejor" de él. Una vez escuché a un trabajador de la División de Apoyo Infantil decir, "No somos trabajadores sociales, ¡somos recaudadores de impuestos!" Y para poder recuperar a este niño, el padre va a tener que tratar con todas estas agencias, no una o dos veces, sino que su presencia intrusiva va a seguir en su vida por muchos años.

Los obstáculos que él va a necesitar cruzar van a parecer inacabables, y cada vez que él lo intenta, un nuevo obstáculo aparecerá delante de él. Es abrumadora la tentación de renunciar a todo este curso de obstáculos, sobre los cuáles él no tiene control alguno.

¿Por qué este hombre no puede solo decir, "¿Ahora voy a ser un buen padre y estar involucrado en la vida de mis hijos," y simplemente seguir? Quizás tú mismo has visto a hombres así y te has preguntado, "¿Por qué no pueden simplemente dar un paso al frente y mantener a sus familias?" Es más fácil decirlo que hacerlo. Para entenderlo, resulta de ayuda devolverse al día en el que un niño es nacido de una madre que es padre de una comunidad de bajos ingresos.

Primero, los padres raramente están casados. Actualmente, el 40.6% de todos los nacimientos en los Estados Unidos son de mujeres no casadas. Si diferenciamos ese número por comunidades étnicas, las estadísticas son sorprendentes: el rango para mujeres no casadas en el 2014 fue de un 28.8%. Las mujeres hispanas han dado a luz fuera del matrimonio en un rango de 51.8% y las estadounidenses asiáticas en un 11.7%. Y para las mujeres afro estadounidenses el rango fue de 69.4%.[7] Como resultado, el 57.6% de los niños de raza negra, 31.2% de los niños hispanos y el 20.7% de los niños de raza blanca están viviendo con la ausencia de sus padres biológicos.[8]

Los niños de hogares sin padre tienen una mayor probabilidad de ser pobres, estar involucrados en abuso de drogas y alcohol, desertar la escuela y sufrir de problemas de salud y emocionales. Los niños varones tienen una mayor probabilidad de estar involucrados en el crimen y las niñas tienen una mayor probabilidad de presentar embarazo adolescente.

Estas son personas reales, historias reales y obstáculos reales.

Como se construye un "papá inservible"

Así es como sucede la mayoría de las veces: Después de dar a luz a su bebé, una madre soltera va a la oficina del TANF (Temporary Aid for Needy Families–Ayuda Temporal para Familias en Necesidad) para aplicar para una ayuda del estado que le permita criar a su bebé. Al padre, en un momento de orgullo en el hospital, se le solicita que firme un papel que él cree que es el certificado de nacimiento. Pero, no lo es. Él está firmando una nota promisoria aceptando dar la manutención para el bienestar del niño y someterse a cualquier prueba de ADN para determinar el verdadero padre. La información va directo a la oficina del fiscal estatal. Las probabilidades son que este hombre no va a ver la carta, ya que él es transitorio. Si puede ser contactado, lo más probable es que no la va a abrir, ya que, "¡Ninguna buena noticia proviene de la oficina de un fiscal!"

El gobierno federal le otorga a los estados el derecho de imputarle un salario a un hombre basado en su edad, y asumiendo de que está empleado, con un trabajo de pago elevado. Al hombre se le impone un horario, sin su conocimiento ni consentimiento, y el marcador empieza a correr en su contra cada mes, desde el día en que nace su hijo. Se establece una "cuenta de atraso". Se le puede sumar hasta $100,000 para la mayoría de los hombres en unos pocos años.

En algún punto, ya sea en prisión o en rehabilitación, un hombre tiene un "despertar" y quiere convertirse en un padre responsable, hacer lo correcto. Sale y consigue un trabajo. Tan pronto como consigue ese trabajo, se le ingresa en el sistema su número de seguro social. Esta es la oportunidad para que el estado comience a recuperar el dinero que ha estado acumulando en la cuenta de atraso del hombre. Probablemente, él esté comenzando con un salario base y, tan pronto como empiece a trabajar, el poco dinero que genera le es retenido para reintegrarle al estado. La única manera posible para que este hombre sobreviva, es que regrese a su estilo de vida "oculta"–viviendo por debajo del radar, desconectado de su familia y, probablemente, participando de un estilo de vida criminal, de alguna manera. No existen, literalmente, albergues para hombres donde pueda tener a un hijo con él.

¿Cuáles son las probabilidades de que este hombre pueda generar el dinero suficiente para pagar de vuelta su astronómica manutención, asegurar una vivienda decente y mantener a una familia? Realísticamente, de pocas a ninguna. ¿Cómo lo sé? Porque la historia al principio de este capítulo es la mía.

El camino hacia la recuperación

Yo estaba en el mismo fondo, cuando vi a mi hija Marvette ser alejada de mí aquel frío día de diciembre. Yo tenía 43 años en aquel momento. Mi esposa, Jeannet, y yo éramos ambos adictos a la cocaína. Pero, yo quería cambiar.

Lo primero que yo tenía que hacer era entrar en un tratamiento, el cual hice unos meses después de aquel día. Por lo tanto, pude ser limpiado y estar sobrio, y le entregué mi vida a Cristo Jesús para que él cambiara mi vida del desorden en el que se había convertido. Después de eso, puse la misma energía que había puesto en vivir la vida rápida, en hacer lo que necesitara hacer para volver a poner a Jeannet y a mí en una posición de poder recuperar a nuestra familia.

Yo era como un equipo de fútbol que estaba perdiendo 0-16. Sin embargo, poco a poco, gané confianza: me limpié, comencé clases de paternidad, ayudé a Jeanett a conseguir tratamiento, me mudé a una vivienda de transición, encontré un trabajo estable y renté una casa. Para este tiempo, estábamos aprendiendo, por prueba y error, cómo navegar exitosamente el sistema judicial. Estábamos aprendiendo, de primera mano, lo difícil que es perseverar en medio de un sistema que, no siempre, es justo. Estábamos, también, aprendiendo a cómo lidiar con cosechar las consecuencias de nuestro necio pasado.

No pasó mucho tiempo para que nuestros hijos pudieran venir a casa y vivir con nosotros. Mientras que esto ocurría, creció en nosotros dos un deseo de ayudar a otros hombres, también, a encontrar su camino en medio de este curso de obstáculos de formar nuevamente sus familias. En mi caso, a mí se me dio una plataforma más pública, ya que la historia de mi reunificación con mi madre de nacimiento, luego de 43 años, me trajo cierto reconocimiento en Seattle, a través del periódico y las estaciones locales de televisión. Pronto, fue relatada por *Good Morning America*, de la cadena ABC, y eso me dio una audiencia con figuras públicas, tales como el ex alcalde de Seattle, Norm Rice.

Pero, mientras fundamos D.A.D.S. (Divine Alternatives for Dads Services–Servicios de Alternativas Divinas para Padres) en el año 2000, fuimos, también llevados ante personas de cierta influencia, tales como Levi Fisher, quien fue estratégicamente puesto dentro del gobierno federal, y Jamie Bohnett, quien abogó por involucrar a la paternidad, por medio de su fundación familiar. Estos hombres creyeron en nosotros y en lo que queríamos hacer. Se convirtieron en adoptivos tempranos, y sirvieron de conexión con otras personas que hicieron posible que creciera la organización D.A.D.S., que ha impactado a miles de hombres en estos últimos 16 años.

En D.A.D.S., animamos a los hombres que entran por nuestras puertas, con que hay esperanza—una esperanza de que la perseverancia dará resultados en su favor, al ellos buscar ser padres responsables para sus hijos. Ahora, también, podemos señalar un sinnúmero de historias de hombre que, como yo, han restaurado la conexión con sus hijos. Uno a uno, estos hombres están cumpliendo un versículo en las Escrituras que está al final del Antiguo Testamento. Este versículo está colgando de la pared en nuestra oficina de D.A.D.S. Dice: "Harán volver el corazón de los padres hacia sus hijos y el corazón de los hijos hacia los padres" (Malaquías 4:6).

Hay esperanza para el padre ausente–yo soy prueba viva, así como miles de hombres más que han cruzado por las puertas de D.A.D.S. y encontraron ayuda, visión y un entrenamiento práctico para reacomodar sus vidas y sus familias. La falta de paternidad está rampante en nuestra nación y, creo yo, está en la raíz de muchos de los males de nuestra sociedad: Crimen. Embarazo fuera del matrimonio. Consumo de drogas. Tráfico sexual. Combatimos estos problemas como temas particulares, pero yo creo que hay una raíz común: la falta de paternidad.

No hubo padre en el hogar de mi madre. Ella estaba desprotegida. Quedó embarazada. Yo nací sin un padre y crecí sin la protección saludable de un padre en mi vida, por lo que tomé malas decisiones, así como muchos hombres también.

Yo estoy agradecido por las oportunidades que tuve para dar un giro a mi vida. Yo veo mi salud, mi familia exitosa y pienso en lo fácil que pudo haber sido tener un final diferente. Y mi compromiso es renovado para ayudar a combatir la falta de paternidad y traer a muchas familias a una plenitud.

La dirección puede ser cambiada. Pero, mucho tiene que cambiar en nuestras comunidades y en nuestra nación, en varios niveles distintos, desde las calles hasta el sistema. Yo estoy comprometido con ayudar a hacer esos cambios en la manera en la que pueda. Esa es la razón de este libro.

Entonces, quédate conmigo. Pero, primero, quiero comenzar por el principio.

CAPÍTULO DOS

Comienza mi historia

Crecí como Marvin Louis Charles, el hijo de Edward y Nora Charles, de Seattle, Washington, en un área conocida como la vía Martin Luther King. Vivimos ahí con mi hermana menor, Marion.

Mi padre fue un hombre interesante. Pasé la mayor parte de mi tiempo con él los fines de semana, cuando él aceptaba trabajos adicionales, cortando el césped de personas adineradas en Seattle, en lugares como Broadmoor y la isla de Mercer. Entre semana, él trabajó como barredor de calles en el sector oeste de Seattle. Él trabajaba un turno rotatorio, así que, cuando llegaba a casa después de la media noche, estaba completamente cansado. Cuando no estaba trabajando, se sentaba frente al televisor y veíamos juntos programas como *Gunsmoke*, *Paladin*, and *Bonanza*. O, nos vestíamos—él con su sombrero Stetson, traje y zapatos Stacy Adams, y yo con un pequeño traje de marinero—e íbamos al centro de la ciudad. Recuerdo sentir una fuerte sensación de orgullo al caminar con mi papá, ambos tan bien vestidos. Él no sabía leer, escribir o manejar. Nos íbamos en autobús a donde tuviéramos que ir.

Mi madre, Nora Charles, era una mujer extrovertida y amigable, que le gustaba ir a la iglesia. Ella era anfitriona de lo que llamaban "estudios misioneros" en nuestra casa, una vez por semana. Cuando ella iba a la iglesia, se lucía con su mejor vestido de domingo y nos vestía, a mi hermana y a mí, con lo mejor. La Progresiva Misionera Bautista, nuestra iglesia, había estado en nuestra comunidad por más de cincuenta años. La iglesia era una parte importante, central en nuestras vidas.

Mi familia siempre celebraba cada fiesta en gran manera. Para Navidad, una vez al año, yo recibía una camisa roja de vaquero de seda con dos pistolas, un rifle, un traje negro y pantalones de cuero. ¡Yo era el vaquero más apuesto del oeste! Y para el Día de Acción de Gracias, siempre era un festín; ¡las mujeres de la familia cocinaban durante dos días! Solo después, me pude dar cuenta de lo mucho que llegaría a extrañar esos momentos de felicidad en la unidad de mi familia extendida.

Para las salidas de verano, cargábamos el carro y nos íbamos a la costa del estado de Washington para escarbar ostras y almejas. Una vez, tuvimos tantas bolsas de ostras que, el bote en el que estábamos cargando todo, ¡se quedó atascado en la arena y el barro! Tuvimos que esperar hasta que la marea regresara para que pudiéramos mover el bote de vuelta hacia los carros; estaba tan pesado con nuestra gran recolección. Estos eran algunos de mis mejores recuerdos.

Pero, al yo llegar a los siete años, comencé a perder un poco de la dulzura de mi niñez. El perder la inocencia no se trataba solo de estar expuesto a una sexualidad temprana; sino que también significó experimentar peligros de primera mano en el vecindario en el que vivía. La vía Empire era una calle transitada con un tráfico constante. El vecindario estaba compuesto, principalmente, por familias afro estadounidenses, con uno que otro grupo étnico entremezclado. Una familia de la India vivía cerca, y una pareja de raza mixta vivía al lado.

A las cinco cuadras, bajando la calle, Estaba la escuela secundaria Garfield High School y la primaria Horace Mann. Vivíamos lo suficientemente cerca como para caminar hacia la escuela, y mi hermana y yo regresábamos para almorzar en casa todos los días.

Yo me sentía seguro en este vecindario–hasta que esa sensación de seguridad me fue quitada.

El 22 de noviembre, 1963, fue el día nacional de la pérdida de la inocencia. Ese día, en la escuela, las maestras lloraban y todos estaban pegados al televisor. El presidente Kennedy había sido disparado. Esto era increíblemente trágico para mi propia comunidad, ya que el presidente Kennedy representaba un sentido de esperanza para el pueblo afro estadounidense. Después del asesinato de Kennedy, recuerdo una sensación creciente o enfática de hambre por una esperanza, nuevamente, en la comunidad afro estadounidense.

Yo creo que fue, a partir de este sentimiento, que Motown se convirtió en una fuerza para la cultura urbana. Este artista de raza negra fue la primera imagen que yo tuve de un afro estadounidense siendo elevado y admirado en la sociedad estadounidense, a grandes rasgos. Marvin Gaye, Tammy Terrel, Diana Rodd y Smokey Robinson fueron nuestros nuevos héroes. Recuerdo a mi mejor amigo y yo poniéndonos nuestros sombreros de piel, volviéndolos al revés, y saliendo del baño de la escuela primaria Horace Mann cantando él éxito musical de los Beatles, "She Loves

You," a un grupo de niñas gritando y haciendo bulla se sintió bien ser admirado por un grupo de niñas. La nación estaba atravesando un momento traumático, pero yo tenía una esperanza sincera para mi futuro. Yo era amado por mi mamá y mi papa, era cercano a mi hermana, era parte de un vecindario unido y tenía miembros de mi familia extendida que se preocupaban por mí. Pero, todo esto estaba a punto de cambiar.

El 15 de abril, de 1965, me desperté y comencé mi día. Tenía casi 10 años. Me lavé los dientes, me vestí y me alisté para la escuela. Mi madre, quien generalmente estaba en la cocina preparándonos desayuno a Marion y a mí, no estaba ahí aquella mañana. En lugar de eso, estaba acostada en el sillón, por lo que tuvimos que buscar nuestro propio desayuno y salir por la puerta. Cuando llegamos a casa para el almuerzo, ella todavía estaba en el sofá, por lo que nos arreglamos nosotros y preparamos algo para almorzar. Cuando regresamos a casa, a las 3:30, ella todavía no se había movido. Encontramos cómo hacer la cena por nuestra propia cuenta, ya que nuestro padre estaba trabajando.

A la mañana siguiente, pasó lo mismo. ¡Mi madre nunca había sido así! Comencé a preguntarme si algo estaba mal con ella. Quizás estuviera enferma. Cuando mi hermana y yo regresamos a casa de la escuela aquella tarde, encontramos una ambulancia estacionada afuera de nuestra casa. Mi madre fue llevada al hospital. La vimos alejarse, preguntándonos qué debíamos hacer ahora.

Cuarto días después, mi tío E.J. y la tía Helen vinieron a la casa. Estos dos no eran mis familiares preferidos. Eran estrictos y rígidos y no parecían sonreír mucho. "Tu madre ha muerto, y no era tu verdadera madre, y tu padre no es tu verdadero padre," nos dijo el tío E.J., a manera de afirmación, sin casi hacer contacto

COMIENZA MI HISTORIA

visual. "Ustedes ahora son protegidos por el estado, pero nosotros los vamos a recibir. Ahora van a venir a vivir con nosotros." Nora Charles murió a los 47 años.

No había ningún consuelo para nosotros por parte de nadie. Ninguna explicación. Ninguna compasión por lo que habíamos pasado. El funeral fue cinco días después, en mi décimo cumpleaños. Ni una sola persona me dijo "Feliz Cumpleaños". Yo miré a mi padre en lo que íbamos hacia la iglesia, sintiéndome confundido y perdido. No podía creer que este hombre era, en realidad, mi padre adoptivo. ¿Quién era yo? ¿De dónde había venid? Nadie tenía respuestas para mí.

Una vida totalmente nueva

La recepción, después del servicio, fue en la casa del tío E.J. Él tenía tres hijos que ya eran grandes y ya no estaban en casa (excepto por el menor que había regresado de la naval). Pude tener una vista previa de cómo sería mi vida pronto, viviendo en la casa del tío E.J. y la tía Helen.

Todas las personas me parecían muy felices, riendo, cuando debían de estar llorando. Marion y yo fuimos ignorados por completo. Una cosa que recuerdo fue un conflicto entre el tío E.J. y la tía Mary ese mismo día. El conflicto molestó tanto a la tía Mary que tuvo que ser sacada de la casa en ambulancia. Mirando hacia atrás, creo que a la tía Mary le dijeron que el tío E.J nos recibiría después de que finalizara el año escolar. Yo creo que había algún tipo de incentivo financiero de por medio para que él hiciera esto: esto era dinero que ellos podían recibir del Sistema de Cuidado de Menores.

Por el resto del año, se decidió de que nos quedaríamos con mi tío Dave y la tía Mary. Estos eran mis familiares favoritos, ya que tenían niños de la edad de Marion y yo. Esto era, posiblemente, un tema práctico, ya que ellos vivían cerca de nuestra escuela y no necesitarían cambiarnos de escuela cerca del final del año escolar. En junio, nos mudaríamos a la casa del tío E.J., donde yo compartiría habitación con su hijo adulto, Arthur, quien ya estaba en la universidad.

Aquel agosto, el tío E.J. le compró a la tía Helen un nuevo carro Chrysler 1965, (posiblemente de los fondos adicionales que recibió por aceptarnos, con el fin de "endulzarle la decisión" a ella). Nos llevaron a Marion y a mí y manejamos hasta el extremo sur con la tía Helen para ver a la abuela Mary, quien vivía en Hammond, Louisiana. Recuerdo la tormenta de relámpagos y truenos que nos dio la bienvenida ahí. La casa de la abuela Mary tenía un techo de láminas de metal y la lluvia golpeaba sin reparo sobre nosotros, como un tambor.

Un día fuimos a New Orleans y yo vi una fuente para beber agua y comencé a moverme hacia ella. De la nada, la abuela Mary me golpeó en la cara, me sorprendió. Aprendí luego, que yo estaba a punto de beber de una fuente "para blancos solamente". En aquel momento, íbamos de camino al cine a ver una película. Luego de que la abuela comprara los tiquetes, fuimos llevados por la parte trasera a un callejón y subimos por unas escaleras maltrechas que llevaban al balcón. Al mirar hacia abajo, vi el nivel inferior lleno de personas blancas, mientras que en el balcón estaban todos los negros. Esta fue mi experiencia de primera mano con la segregación que estaba aún operando en el sur, aún después de pasar la legislación de Derechos Civiles de 1964. Como joven, yo solo observaba estas cosas, pero nadie me ayudaba a entender o procesarlas. Me sentía realmente solo, parte de un pueblo que era visto como "menos que" (particularmente en ciertas partes del país), y preguntándome quiénes eran mis verdaderos padres. ¿Estarían vivos? ¿A dónde vivirían? No me enteraría nada acerca de ellos sino hasta muchos años después.

Los años fríos

Donde el tío E.J. y la tía Helen, estábamos constantemente siendo corregidos y "entrenados" para comportarnos, para conformarnos y actuar exactamente como ellos querían que actuáramos. No escuchamos palabras de amor, ánimo o cuidado–solo reglas. No podíamos ver nada de televisión entre semana, solo los sábados y las tardes de domingo. Aunque estaba solo en el quinto grado, yo tenía que cargar conmigo todos los libros de la escuela en mis brazos para que pudiera hacer la tarea, ya sea que los fuera a utilizar, o no.

Era increíblemente pesado cargar tantos libros a través de tantas cuadras cada día, pero yo no podía dejar ningún libro atrás en la escuela. El tío E.J. se aseguraba de eso.

Aunque íbamos a una escuela pública, el tío E.J. nos hizo uniformes católicos para que los usáramos para la escuela todos los días. Yo usaba unos pantalones color sal y pimienta, una camisa de vestir blanca y un suéter azul. Los demás niños se burlaban de mí sin misericordia por el uniforme. Aun así, no me atreví a cuestionarlo, ya que todo era una vía en un solo sentido, era solo a su manera. Las tareas se tenían que hacer de 4 a 6 de la tarde. Marion y yo nos turnábamos, una semana sí, y una semana no, para lavar todos los platos. Luego era subir para darse un baño a las 7:30 y para las 8 de la noche debíamos de estar ya en la cama.

La primera probadita de los castigos del tío E.J. llegó con apenas unas semanas de nuestra estadía con él. Marion y yo estábamos jugando en el segundo piso y yo, accidentalmente, quebré una ventana. Estaba asustado a muerte de lo que me haría mi tío. Cuando lo dice lo que había pasado, me respondió, "Sal, cruza la calle y busca un ladrillo y dos piedras pesadas." Extendió un periódico sobre el suelo de nuestro patio delantero y me hizo quebrar el ladrillo con una de las piedras. Luego, extendió los fragmentos del ladrillo quebrado sobre el periódico y dijo, "Ahora, arrodíllate sobre el periódico y levanta esas piedras por encima de tu cabeza." Al yo hacer esto, él se sentó en una silla al lado mío con su cinturón, amenazando con pegarme si yo bajaba las piedras, aunque fuera una pulgada. Las tuve elevadas, probablemente, durante unos 15 a 20 minutos, aunque parecían horas. Mis brazos me estaban doliendo por el peso de las piedras y mis rodillas sentían el dolor angustiante de los fragmentos de ladrillo perforando mis rodillas. Mi ansiedad fue se multiplicó por el temor real de recibir latigazos en mi espalda, piernas o brazos si bajaba las piedras que tenía por encima de la cabeza. El tío E.J. estaba lleno de amenazas. Para enseñarme a nunca robar, me sostenía la mano por encima del quemador rojo encendido de la cocina.

Me dijo, "Si algún día llegas a robar, voy a poner tu mano directamente sobre la cocina." En otra ocasión, puso a hervir varios huevos en una olla. "Si me llegaras a mentir, uno de estos huevos hervidos va a ser puesto en tu boca," me dijo. Yo estaba aterrado del temor. Estaba muerto de miedo de que él llegara a cumplir alguna de estas amenazas, así que nunca lo probé para averiguar la respuesta.

"Pops" (mi padre adoptivo), ocasionalmente, pasaba por la casa—no para hablar con nosotros, sino para dejar un poco de leche fresca de vaca que no había sido homogenizada aún. Había grandes pelotas de crema cuajada en la parte de arriba y líquido lechoso en el fondo. Se nos obligaba a comernos la crema al desayuno. Era asqueroso, pero la tía Helen nos obligó a comerla antes de ir a la escuela. Nunca se nos había obligado a comer nada, antes, con mi madre, pero la sola presencia aterradora del siempre enojado tío E.J. merodeando por detrás, nos hacía tragarnos la crema.

Yo empecé a "vivir en mi cabeza," dejándome mis pensamientos y sentimientos para mí mismo. Era mi manera para tratar de adaptarme y sobrevivir. Me sentía como un pequeño títere. Habría hecho cualquier cosa para experimentar una probadita de libertad.

"Ya he tenido suficiente de ti," anunció, repentinamente, el tío E.J. un día. "Te vas a ir a vivir con tu papá por un tiempo." Así que aquel verano, fui enviado ahí y Marion fue enviada a quedarse con una señora que había sido amiga de mi mamá. Mi papá rentó una casa con un hombre que era un proxeneta, aunque eso no me llegó a importar mucho, ya que no sabía lo que significaba. Durante este tiempo, Washington era un lugar libre en cuanto a esto. Rosellini era el gobernador y las leyes sobre la prostitución eran laxas, ya que el refuerzo de personal militar proveía una clientela bastante dispuesta.

El compañero de vivienda de Pops conducía un auto T-Bird y usaba ropa fina. Pops vivía la vida sencilla y no se ganaba el respeto de los demás, en son de burla, sus amigos y conocidos le apodaban "Mula". Ganaba suficiente dinero para pagar su renta pero para poco más. Yo no le tuve ni respeto, ni miedo a mi papá. Su compañero de vivienda, por otro lado, parecía vivir un estilo de vida más interesante y afluente, a mi parecer.

Pops nunca me dio dinero, por lo que encontré maneras "creativas" de conseguir lo que quería. Comencé a robar cosas como ropa y zapatos. Estando en la casa de mi papá, recuerdo ver fuertes imágenes de hombres, a los que yo me quería parecer cuando creciera, pero no eran mi padre. Estas imágenes fueron reforzadas por películas como *Super Fly* y *Shaft*, películas que describían a hombres afro estadounidenses que eran héroes en los guetos–fuertes, ágiles y que podían cuidar de ellos mismos y atraer mujeres hermosas.

Esta fue la época del auge de artistas de Motown, tales como Isaac Hayes, Marvin Gaye y Smokey Robinson. Ellos me pintaron un cuadro de lo que yo quería llegar a hacer, un hombre negro exitoso, en lo que nos acercábamos a los años setenta y yo entraba en mi adolescencia. Sin un padre a quien mirar y admirar, estos hombres eran mi modelo.

Una vez, mientras estaba sentado en la terraza de la casa de mi padre, vi a un tipo llamado Sammy Drain. Él vestía un llamativo traje rojo de tela brillante. Pegado a él, tenía 2 perros de raza poodle, teñidos de diferentes colores. Su cabello procesado estaba engomado como el de James Brown. Yo estaba cautivado por él. Más tarde, observé a otro tipo cruzando la calle en su El Dorado de media tapa, color amarillo canario. Se salió del auto con un traje de piel y sombrero complementario. Lo vi recoger su ropa de la lavandería y lanzarla en la cajuela de su auto y salir del estacionamiento. Él estaba encorvado, con una mano sobre la manivela. Esta impresión quedó grabada en mi mente. ¡Yo quería ser como este hombre!

COMIENZA MI HISTORIA

A los 13 años, comencé a envidiar a los niños cuyos padres estaban metido en "el juego," que es como todos llamaban al negocio del proxenetismo y la prostitución. Estos niños tenían la libertad que yo anhelaba tener. Se estaban preparando para convertirse, ellos mismos, en "jugadores," algún día, afilando sus destrezas de ventas, vendiendo dulces casa por casa, para unos cuantos hombres mayores, jugadores recurrentes. Estos niños más grandes ganaban un poco de dinero a costillas de los niños menores, como una manera de "ir ascendiendo," lo cual les permitía comprar artículos que necesitaban para hacerlos parecer proxenetas (o "jugadores.") Eran como proxenetas de ligas menores. Yo intenté vender, pero no era nada bueno haciéndolo. Yo era considerado un "cuadrado" por aquellos que querían ascender. Yo estaba en el fondo de la cadena alimenticia.

Para mi desilusión, tuve que regresar a la casa de mis tíos, luego de vivir dos años con Pops. De seguro, no es que estaba viviendo la mejor vida en la casa de Pops, pero tenía libertad. MI ropa (la cual es muy importante para un muchacho de secundaria) fue, ya sea, robada o recogida en la tienda de beneficencia social, y me gustaba. Mi cabello lo había crecido a tenerlo en un estilo Afro. Pero, al regresar a la casa de mi tío, todo eso se acabó. El cabello me lo raparon corto. Mi tío me hizo vestir, ahora en el noveno año, un uniforme católico terrible. Se sentía humillante en el séptimo grado, y ahora, en el noveno año, era mucho más. Tanto Marion, como yo, teníamos que estar en cama a las 8 de la noche, de nuevo. Eran las mismas reglas, solo que esta vez se sentían el doble de miserables. Yo había probado la cultura de moda del final de los años sesenta en Seattle y el estar de vuelta en la casa de mi tío se sentía como una cárcel.

Gradualmente, había superado esa asma que me había plagado de niño, y ahora podía jugar deportes como baloncesto y fútbol. En mi propia mente, yo era una leyenda. Mi orgullo se elevó, luego de que había logrado un lanzamiento desde la media cancha, un día jugando baloncesto. Yo sabía que algún día sería famoso. Me sentía tan avergonzado de ser llamado Marvin Charles, por mi papá, así que se me ocurrió la fantasía que me sonaba bastante atractiva, de ser llamado "Brooklyn Taylor." Practiqué firmando autógrafos. Para este momento, no tenía guía o ayuda alguna de ningún adulto, como un padre comprometido, que me enseñara cuáles pasos debía dar para convertir mis sueños en una realidad honorable. Lo único que tenía eran mis sueños, que, por cierto, estaban bastante desvirtuados.

Pasos en la dirección equivocada

Había llegado la primavera de 1969 y yo estaba jugando baloncesto con un muchacho de la escuela. Le pregunté si me podía poner su abrigo de mezclilla para ir al comedor a almorzar, donde fui visto por un muchacho de un nivel superior quien pensó que yo me había robado el abrigo. Sin advertencia alguna, me golpeó en la quijada. Yo me alejé, pero no me estaba alejando de la pelea, sino que estaba yendo a conseguir un arma. Le di unas monedas a un muchacho menor en edad y le dije que me comprara una Coca Cola. Cuando regresé con ella, vertí el contenido y aplasté el fondo, dejando un costado afilado. ¡Estaba luchando por mi reputación! Embestí al joven que me golpeó y sentí a alguien agarrarme por detrás. Instintivamente, luché contra esta otra persona y accidentalmente le corté la ceja. Resultó ser el director de la escuela.

Para ese entonces, escuché a los muchachos aplaudiendo, pensando que le había cortado, al propio, la ceja al director. Esta era una época en la que era particularmente "popular" ser un joven rebelde contra la autoridad. Sangrando, este hombre afro estadounidense fuerte me tomó por la camisa, tratando de impedir que la sangre brotara de cerca de su ojo, mientras que me llevaba hacia su oficina.

Cuando salí de la vista de los demás estudiantes, comencé a llorar con remordimiento por lo que había ocurrido. Estaba lleno de indignación por ser acusado falsamente de robar, y luego de haber sido golpeado. Aunque haya sido accidental, había, en verdad, atacado al director. Como resultado, fui suspendido de las escuelas públicas de Seattle. Cuando comenzó el año siguiente, fui admitido nuevamente, y se me permitió ingresar a la escuela secundaria Ingraham High en el norte de Seattle, siendo solo uno de los tres muchachos de raza negra en toda la escuela.

Un día, en el décimo año, perdí mi llave de la casa y le pedí a Marion que dejara la de ella debajo de la alfombra para que pudiera ingresar. El tío E.J. se dio cuenta y la obligó a que pusiera la llave como si nada malo hubiera ocurrido. Cuando entré a la casa, él estaba ahí. Me dijo que me desnudara y me obligó a que saliera y buscara un ladrillo del otro lado de la calle y dos piedras grandes. Salí corriendo, pero esta vez, no tenía la intención de regresar jamás. Cuando estaba a dos cuadras de distancia, me di cuenta de que no podía simplemente dejar a mi hermana atrás. Corrí de vuelta a la casa para encontrarla llorando incontrolablemente. "Ven conmigo, tienes que salir de aquí. Este hombre está loco," le advertí.

"No puedo, Marvin. No puedo," me respondió quebrantada. Decidí irme, de todos modos, y caminé directo al Centro de

Detención Juvenil. Tenía que, ahora, ir a la corte para mi libertad y combatir, de frente, la ira presuntuosa de mi tío E.J.

"Nunca pensé que nos fueras a hacer esto," me dijo mi tía, al estar sentados de lado en el salón de corte. Procedí a relatarle al juez, en detalle, algunas de las cosas que el tío E.J. nos había hecho a Marion y a mí desde que estábamos en su casa. El juez, pacientemente, escuchó y luego se volvió a mí tío y le preguntó, "¿Tú hiciste estas cosas?"

Mi tío E.J., no apologéticamente, y de manera desafiante exclamó, "Si él va a vivir en mi casa, va a tener que vivir apegado a mis reglas." El juez no se impresionó con la respuesta de mi tío. Con el golpe de su martillo declaró, "Estoy, por lo tanto, transfiriendo a este muchacho bajo la tutela del estado." No los miré de frente. Yo estaba feliz de no tener más a mi tío atormentándome. Me sentía bastante aliviado de no tener que ver más su cara. Pero ¿ahora qué?

CAPÍTULO TRES

Un año trascendental

La secundaria Garfield en Seattle, a principios de los años setenta, era conocida como "La Perrera." Era el lugar al que querrías ir si querías vivir en el barrio. Se asemejaban a la grandeza haber salido de esa escuela. Por causa de la integración racial, intencional, por medio del compartir autobuses en los años sesenta en Seattle, asistí a una Escuela Secundaria Ingraham, casi toda de blancos, en el norte de Seattle. Muy cerca, la Secundaria Garfield era la escuela que había albergado a leyendas como Jimi Hendrix, Bruce Lee y Quincy Jones. Casi todos los muchachos de barrio habían ido, ya sea a Garfield o Franklin, donde estaba la acción, y es ahí donde yo quería estar. Yo detestaba ir a la Secundaria Ingraham de casi todos blancos. "Quiero regresar al barrio. Quiero estar cerca de gente negra donde no voy a ser rechazado," le expliqué a mi consejero guía. Me permitieron ser transferido, para mi último año, a Garfield. Poco sabía yo, que este año en Garfield, convertirme en un Bulldog, y estar en "La Perrera" cambiaría mi vida durante los siguientes años. El poder asistir a Garfield fue como una reagrupación. Me conecté nuevamente con muchachos que no había visto desde la primaria y los primeros años de secundaria. Para aquel momento, tenía dos campus, el campus "A", el cual era el edificio principal en la calle Jefferson, y el campus "B" sobre la calle Jackson. Íbamos y veníamos entre ambos campuses.

Ya no tenía que usar el uniforme católico y necesitaba actualizar un poco mi vestuario. Ya estaba algo curado de robar, para este momento, así que decidí conseguir un trabajo para generar dinero y comprar mejores ropas. Me registré en el Neighborhood Youth Corps para un trabajo después de clases, de unas dos horas y media, cinco días a la semana, en la Primaria Madrona, no muy lejos de Garfield y a tan solo unas seis cuadras de donde yo vivía. Mi trabajo consistía en barrer los salones de clase y vaciar los basureros, ganando unos $23 por semana. Esto fue suficiente como para comprar zapatos nuevos y unos pantalones, ocasionalmente.

Las cosas, ahora sí, que me habían cambiado. Antes, había estado en la circunferencia del barrio, asistiendo a una escuela de casi solo blancos en el norte de Seattle. Ahora estaba en una "escuela popular." Tenía un trabajo donde podía ganar algo de dinero y ya no tenía hora de llegada. Ahora estaba viviendo en la casa de mi amigo, Teddy. Su madre, una mujer mayor, en realidad tenía poco control sobre la casa. Era más un lugar donde se podía solo ir y venir, más como una parada de carretera. Cuando comencé a vivir en esta casa, me traje algunos hábitos que había aprendido al vivir en la casa de mis tíos. Por ejemplo, yo era el único que limpiaba o que lavaba los platos. Los otros en la casa se burlaban de mí por obedecer, en lugar de ignorar a la mamá de Teddy.

Esa primavera, Teddy y un grupo de jóvenes de mi edad (16 a 17 años) se fueron con Bobby Green, quien tenía unos 21 años, a Spokane, a vender dulces. Bobby era un emprendedor que tenía un buen auto y una novia. Nosotros diez, u once, nos apilábamos en un camión de U-Haul y nos enrumbábamos 300 millas hasta Spokane. Él nos daba mapas del área que debíamos cubrir y vendíamos dulces todo el día. Nunca había vendido dulces anteriormente, y al intentar esta vez, tampoco me fue nada mejor. Aquellos a los que sí les iba bien podían dormir en la habitación de hotel con Bobby. A los que no les iba bien debían dormir en el camión. Está demás decir que yo dormía en el camión.

Una mañana, hubo un gran alboroto entre Bobby y los muchachos que dormían en la habitación. Teddy estaba entre ellos. Alguien había tomado un dinero de Ricky. Yo sabía que había sido Teddy, ya que yo había lidiado con él en su casa, él había robado de su madre y de mí, y me había acusado a mí, falsamente, de haber robado. Me acerqué a Bobby y le dije quien yo pensaba que había robado. Luego fui donde Ricky y lo desafié, "Estos son tus amigos. ¿Por qué no te apoyaron en decirle a Ricky que Teddy te había robado?" Teddy nunca confesó, pero pudieron conseguir el dinero para pagarle de vuelta a Ricky. Pero, de este punto en adelante, Ricky y yo nos hicimos amigos cercanos. Él sabía que yo le cuidaba la espalda.

Luego de aquel viaje, Ricky me invitó a su hogar, donde conocí a sus padres, y ellos, eventualmente, me invitaron a vivir con ellos. La casa de ellos se sentía como un verdadero hogar, algo más cercano a lo que había experimentado antes de que mi madre muriera y yo fuera llevado, abruptamente, a ese lugar de seguridad. Ricky y yo, ahora, éramos mejores amigos, llegando ya al verano antes de mi último año de secundaria. Salíamos juntos y fumábamos un poco de marihuana en lo que el verano daba paso al otoño.

Estaba, realmente, con expectativa del año escolar, y mi enfoque, ahora, estaba en las muchachas. Como yo decía, "Garfield tenía sus carencias, pero también sus puntos altos." Uno de ellos era una muchacha llamada Bárbara. Ella era hermosa. (Lamentablemente, me di cuenta un tiempo después, que ella terminó como modelo de la revista Playboy en 1977, se hizo adicta a la heroína y cometió suicidio, trágicamente, lanzándose de un puente en la carretera 99 en Seattle.)

Al comenzar mi último año, estaba desilusionado de que los entrenadores de baloncesto no me quisieran. Medía 1.62 pies y podía, con una sola mano, hundir la bola en el aro, pero yo sentía que no me miraban bien. Me desecharon. Después de haber sido titular en Ingraham, esto fue humillante. Tenía que buscar otra manera, diferente a los deportes, para dejar mi marca. Así que, comencé a vestirme de manera fina. Ricky sacó su licencia de conducir y podía usar el carro de sus papás, así que salía con él a las fiestas, vistiendo muy bien para atraer a las mujeres.

Un día, estaba deambulando en el pasillo y una muchacha se me acercó y me dijo que estaba levantando inscripciones para "Mr. Bulldog." Esta era una competencia para determinar quiénes serían el "rey" y la "reina" de la escuela, la cual culminaba con un paseo, en una limosina gigante, por la Avenida 23. Me gustó como sonó eso, y me inscribí para el concurso. Hasta ese entonces, "Mr. Bulldog" era algo que se le daba al chico más popular del campus, no era algo para lo que se competía. Yo cambié todo eso. Le hablé a todas las chicas–especialmente a las de abajo- chicas de primer ingreso, segundo año y juniors–pidiéndoles que votaran por mí. "Vota por mí y por Yvette Hunter," les decía con una sonrisa. En lo que se acercaba el día en el que se iba a hacer el anuncio, David

UN AÑO TRASCENDENTAL

Barfield, un guardia de seguridad y un alumno de la escuela se me acercaron y me bromearon, "Oye, hombre, yo sé quién ganó Mr. Bulldog." No sabía si estaban hablando de mí, o si me estaban bromeando, sabiendo que era alguien más.

Me di cuenta de que se iba a dar el anuncio de los ganadores y me fui rápidamente a casa a cambiarme de ropa. Me puse unos zapatos de gamuza azules, un pantalón verde lima, un blazer blanco y un sombrero de Robin Hood. En la reunión llevada a cabo en el gimnasio, uno de los docentes hizo el anuncio, ¡"Y Mr. Bulldog y Mrs. Bulldog para 1973 son... Marvin Charles y Yvette Hunter!" De repente, el gentío comenzó a golpear sus pies contra las tarimas y a gritar un fuerte "buuuu."

Una leve porra se podía oír de parte de algunos de los estudiantes de niveles inferiores, pero el fuerte "buuu" lo ahogaba. Sentí una mezcla extraña de emoción y humillación. Sentí la satisfacción de lograr algo que quería, el ser "Mr. Bulldog", a través de mis poderes de persuasión, pero, también, sentí el rechazo de mis pares quienes parecían decirme, *No perteneces aquí. ¿Quién eres, Marvin Charles? Tú no eres uno de los nuestros. Tú no mereces ser "Mr. Bulldog."* Esa sensación de no pertenecer, de no calzar, se sentía terriblemente familiar.

Me sacudí ese sentimiento e intenté internalizar la gloria flotante que Mr. Bulldog puede experimentar, mientras nos tomaban fotografías a Yvette Hunter y a mí. Más adelante, ese viernes por la noche, fue el primer juego de vuelta a casa en el Memorial Stadium, cerca del Space Needle en el centro de Seattle. Keith Harrel, una estrella de baloncesto, y líder de la banda, formó a la banda alrededor de Yvette y de mí. Al día siguiente, sábado, nos presentaríamos en una tarima flotante y saludaríamos a la multitud durante un desfile. Fue al lunes siguiente que yo fui convocado a la oficina del director. Sus palabras fueron directas, "Marvin, no estás dejando un buen ejemplo como Mr. Bulldog." Procedió a decirme que yo tenía los créditos suficientes para graduarme. Me dijo que yo tenía solamente 23 créditos ese año y que, supuestamente, necesitaba 55. Después me di cuenta de que solo necesitaba 24, o sea, que, en realidad me hacía falta solo un crédito. Este son el tipo de situaciones donde un padre puede ejercer una gran influencia y ayudar, pero yo no tenía eso. Lo único que yo podía ver era que estaba siendo percibido de una manera negativa. Yo pensé, *¿Qué estoy haciendo mal? Me estoy vistiendo lo más fino, vendo un poco de marihuana (lo cual ellos no saben nada); no estoy haciendo nada abiertamente mal. ¿Por qué siempre estoy siendo reconocido como un problemático?* Era primavera y yo estaba tan cerca de graduarme de la secundaria, mas estaba tan lejos.

Para aquel entonces, Ricky se había peleado con sus padres. "Estoy huyendo de casa. ¿Te quieres venir conmigo?" me preguntó. Acepté y nos fuimos a Bellingham, cerca del campus de Western Washington University, a unas 90 millas al norte de Seattle, donde vivía mi Pops, ahora nuevamente casado. Al poco tiempo, Emma Cotton, la mamá de Rickey nos encontró a Ricky y a mí. Ricky fue llevado por la policía, ya que era menor de edad, y puesto en un albergue juvenil. Yo recién había cumplido los 18 años y no tenía a dónde ir. "Aléjate de mi hijo," me advirtió enfáticamente el señor Cotton, mientras me acorralaba contra la baranda afuera el apartamento. Pensé para mis adentros, *¡Este es un hombre que está enojado, me va a lanzar por el balcón!*

Deprimido, sin un lugar a dónde ir, encontré un aventón de vuelta a Seattle, ahora sin hogar, pero no por mucho tiempo.

Cuando Ricky fue liberado del albergue juvenil, me buscó y nos mudamos con su abuela. Esta casa tenía ratas que me mantenían despierto durante toda la noche. Comencé a sentir como si yo tuviera algún tipo de enfermedad que los demás querían evitar. Los padres me querían mantener lejos de sus hijos. Ya no me iba a graduar con mis compañeros. Podía escuchar las voces, "Ricky era un buen muchacho hasta que te conoció a ti, Marvin." Podía escuchar la voz de mi tío E.J., siempre diciéndome que nunca llegaría a nada bueno, al tío Dave diciéndome que no podía regresar a su casa. Podía escuchar la voz de Pops acusándome de ser un ladrón; recuerdo al señor Bass, el director de Garfield, diciéndome que no estaba dejando un buen ejemplo como "Mr. Bulldog." Los podía escuchar a todos diciendo que yo no servía para nada. Me senté sobre la acera de la calle 23 con Cherry y grité, "¡Yo nunca pedí nada de esto!" "Bueno, entonces, mejor me integro," me dije a mí mismo un día ("integrarse" significa ser parte del "Juego".) Al decir esto en voz alta, un peso pareció haber sido quitado de mis hombros.

Lo que realmente estaba gritando dentro de mi alma era, *Ya no tengo que luchar más contra esto. Estoy en el equipo del diablo.* Podía sentir una extraña paz venir sobre mí al yo pronunciar esto en voz alta. Parecía como si hubiera terminado una guerra. Ellos tenían razón. Todos a mi alrededor veían lo que yo no quería ver. Ahora, yo lo podía ver claramente. Yo, ahora sí supe, muy en lo profundo, lo que ellos me habían estado diciendo todo este tiempo. Yo pertenezco al lado oscuro. Me iba a integrar al juego.

CAPÍTULO CUATRO

Vida en el lado oscuro

Mi oportunidad vino un día, cuando yo andaba con Ricky. Bajando por la calle vino "L.A. Slim," conduciendo su Gran Torino azul con tapa blanca. Detuvo su carro y me dijo, "Tengo un viaje a Canadá. Consíguete una chica y puedes irte conmigo." Yo sabía lo que estaba diciendo sin decir más. Él iba a ir a Canadá, donde la prostitución es legal, para hacer un poco de proxenetismo. Me estaba invitando al Juego.

Me devolví a la casa de mi amigo y comenzaron a hablar groserías a una muchacha llamada Wanda, que se quería ir y hacer cualquier trabajo en el norte. Nos unimos a L.A. Slim, nos fuimos a Canadá y metimos a las muchachas en un par de habitaciones de hotel barato. Lo que teníamos que hacer era pasar dejando a las chicas, asegurarnos de que estuvieran cómodas, y luego dejarlas para que hicieran su trabajo. El quedarse y hacer más era conocido como "micromanaging," y eso no era un comportamiento profesional en el Juego.

Una semana después, Wanda entró y me dio un rollo de unos $300 en efectivo. Ahora tenía una probadita de estar en el Juego y vi cómo funcionaba. Se podía hacer dinero real con muy poco esfuerzo de mi parte. Me compré un traje *Super Fly* bastante bonito con el dinero.

Después de aquel verano, encontré un lugar diferente donde vivir. Esta búsqueda constante por un lugar donde dormir se estaba convirtiendo ya en parte de mi vida. Mi falta de apoyo paterno estaba siempre por debajo de la superficie de mi mente. Pensé en retrospectiva a todas las veces en que se me había dicho que no era lo suficientemente bueno–que para el tío E.J. y la tía Helen, mi hermana y yo éramos ciudadanos de segunda categoría. Ni siquiera mi Pops me quería. Los padres de mis amigos dijeron que yo era una mala influencia. Los profesores y consejeros no creían en mí. Yo sentía que todas estas percepciones dibujaban el verdadero retrato de quien yo era.

El estrés me tuvo que haber estado afectando, porque, al poco tiempo comencé a tener unos dolores terribles de cabeza, tan malos que un día tuve que ir al hospital. Fue ahí donde la señora Colacerto (a quien luego llamaría mi "ángel"), me recogió y me dijo, "Necesitas sacar tu título de escuela secundaria, Marvin. Siempre y cuando hagas algo productivo, te podrás quedar conmigo." Asistí a la Escuela Alternativa Langston Hughes, durante los próximos seis meses para obtener los créditos suficientes para graduarme. El momento de mayor orgullo de mi vida fue cruzar esa tarima y graduarme de la escuela secundaria.

La señora Colacerto me ayudó a conseguir mi primer trabajo de verdad, trabajando para la Unigard Insurance Company de Capital Hill en la oficina de correos. La razón por la que tomé el trabajo fue porque después de seis meses de trabajar ahí, podía calificar para un préstamo para conseguir mi primer carro. Tenía el carro, la ropa y sabía cómo jugar el Juego. Ahora estaba listo para hacer dinero del proxenetismo.

Aprendiendo sobre la vida en "el Juego"

Primero que todo, necesitaba conseguir mis propios "elementos y herramientas." Tenía que conseguir ese carro, ya que esa sería la herramienta más importante que necesitaría.

El trabajo me permitiría obtener un préstamo; si yo trabajaba ahí durante los próximos, al menos, seis meses, entonces podría calificar y podía obtener mi carro.

Alrededor de esta época, conocí a una prostituta joven llamada Laura. Yo no estaba envuelto con ella, pero ella me dio $300 para ella quedarse en mi piso con su bebé. Cuando ella hacía sus trucos, se llevaba a su bebé a que se quedara con un familiar. Yo tomé el dinero y me compré una "bola ocho" de cocaína (alrededor de una octava de onza) del tío Todd, la corté y dividí en 20 paquetitos. Yo necesitaba recortar la cocaína y pedir su consejo. Él me dijo que fuera a la farmacia y que consiguiera unas "Dormins" (un auxiliar de sueño) ahí. Poco sabía yo que él me estaba saboteando para enseñarme una lección y para desmotivarme de vender drogas en el futuro.

Lo que debí haber usado era una lactosa que solo diluiría la cocaína, pero no la ensuciaría dándole al consumidor una sensación dolorosa de ardor en la nariz. La llevé a la esquina para probarla y se la vendí a algunos de los muchachos más jóvenes. "¿Con qué #&$!! se cortó esto?" demandó uno de los matones. La probé y me quemó la nariz.

Pensé para mis adentros, *¡el tío Todd lo hizo de nuevo!* Él siempre parecía estar tratando de enseñarnos a Ricky y a mí una lección.

Una vez, Ricky y yo nos robamos algunas de las pistolas del tío Todd y obtuvimos el valor de entrar a un club de deshoras (clubes que abrían después de las 2 de la tarde para apuestas, venta de drogas, consumo y prostitución). Llegamos ahí en el Cadillac de Ricky, nos vestimos con lo mejor y echamos las pistolas "prestadas" del tío Todd. Entramos confiados, nos sentamos en el bar y ordenamos un par de rones con Coca Cola. Andábamos en busca de mujeres para el Juego.

Esa noche, la policía hizo un allanamiento en el club. Entraron los oficiales uniformados y nos acomodaron en una fila contra la pared.

Nos interrogaron a todos (tanto a hombres como a mujeres), se llevaron nuestro efectivo, confiscaron nuestras armas, nos fotografiaron e investigaron nuestros nombres por aquello de una orden de captura. "Pueden recoger su dinero y armas en la estación," nos dijeron, sarcásticamente, sabiendo que la mayoría de nosotros nunca nos acercaríamos ni a una milla de la estación. El tío Todd tuvo que ir y recuperar, de la policía, sus armas registradas.

La próxima vez que lo vi, me dijo, "Marvin, tienen un retrato tuyo en la estación de policía, parado en Madison, entregándole algo a alguien. Pueden probar que estabas vendiendo drogas." Él me estaba mintiendo, yo nunca había vendido droga en Madison. Estaba tratando de asustarme para que dejara de vender marihuana, así como lo había estado haciendo cuando me dijo que cortara la cocaína con Dormins.

El tío Todd era, por la mayor parte, un "cuadrado" (lo que llamábamos a las personas que ganaban dinero legalmente). Él no quería que Ricky (su sobrino), ni yo (su sobrino adoptivo) que hiciéramos lo que estábamos haciendo. Él trabajaba con la unión de plomeros y era un miembro de "Project Mister," un grupo de empresarios negros en el área de Seattle que buscaban ser mentores de jóvenes de riesgo, minoritarios, principalmente, afro estadounidenses. Él realmente tenía nuestro bien supremo en mente.

Yo estaba yendo a trabajar, a diario, con Unigard, cuando Laura, de repente, se fue. Yo había escondido mi cocaína, sabiendo de que ella podría regresar en algún momento. Una noche, escuché alguien tocar fuerte la puerta, era Laura y su proxeneta, Joe B., con una pistola. Salí por la ventana y corrí hacia la casa de un amigo. La puerta estaba sin llave, por lo que ellos entraron y rumiaron entre todas mis cosas, en busca de la cocaína que yo había escondido. No la encontraron, pero cuando llegué a casa, encontré una foto enmarcada mía y de una muchacha, con un hoyo de bala, y vidrio quebrado por todo el piso. Tenía una nota pegada que decía, "Mantente alejado de mi mujer." Joe B. nos estaba enseñando una lección a Laura y a mí. Mensaje recibido.

Joe B. sabía que los $300 que Laura me había dado era "su dinero," y lo quería de vuelta. En el Juego, el 100% del dinero ganado en las calles es del proxeneta y debe de ser distribuido a discreción suya. Laura había violado las reglas, estoy seguro de que de que fue golpeada por eso. La disposición de Joe B. de reforzar las reglas con una pistola era todo parte de un control mental del proxeneta sobre la prostituta que se daba en el Juego. Yo estaba aprendiendo rápidamente a cómo jugar el Juego, y esta era parte de mi "educación continua." "Me tengo que salir de este mentado apartamento," pensé para mis adentros. Me di cuenta de que, a la vuelta de la esquina, el terrateniente estaba ofreciendo un lugar por $135 al mes, un poco más que mi apartamento de $90. Necesitaba muebles, por lo que me fui a la mueblería con el dinero que había ganado con mi trabajo. Aunque, no era mucho; no podía pagar los muebles sin un préstamo, y para obtener un préstamo, necesitaba que firmara un fiador, solo que no conocía a nadie que me fiara. Fue un ciclo constante. Todo me parecía que lo aprendía golpeando la cabeza contra la pared. Todas estas piezas desmembradas de mi identidad–de no pertenecer a nadie, no ser lo suficientemente bueno, una mala influencia, un ejemplo negativo para otros–todas alineadas para pintarme un retrato innegable de quien yo realmente era. Con renuencia, ahora estaba comenzando a creerlo. Debería ahora sí comenzar a vivir mi vida desde mi verdadera identidad. La manera cuadrada nunca me funcionaría porque ese no es quien yo era. Además, la vida cuadrada no estaba avanzando lo suficientemente rápido para mí.

Así que, ahí estaba yo, llegando casi a mis veintes. Yo quería vender droga como mi fuente principal de ingresos. En el barrio, muchos jóvenes afro estadounidenses por encima de los 18 años estaban siendo enviados a la cárcel por vender drogas. Tampoco quería tener que robar. No importa qué tan bueno eras en cuanto a eso, eventualmente te llegaría la cárcel.

El proxenetismo, la vida rápida, el Juego, eran lo que yo pensaba que me proveerían la mejor posibilidad para generar buen dinero y mantenerme fuera de la prisión. Para el mes sexto de trabajar para Unigard, pude asegurar mi préstamo de $2,000 para comprar un auto. Renuncié a mi trabajo una semana después.

Poniéndome serio

El tener un carro a los 19 años eran palabras mayores para mí. Pero ahora, sin trabajo, necesitaba ocuparme y tratar de encontrar a una o dos muchachos que trabajaran para mí. Necesitaba ponerme serio con respecto a desarrollar mi nueva profesión. Entonces, Ricky y yo nos fuimos a Portland en busca de muchachas, ya que Portland tenía una "pista" (una calle donde se practica la prostitución).

Lo que siguió, a continuación, fue una maraña y un fluir de diferentes prostitutas, diferentes carros, diferentes hoteles, diferentes ciudades. Para asegurar generar la mayor cantidad de dinero y mantenerse en la mejor posición posible dentro del Juego, yo estaba en un movimiento constante. De Seattle a Oakland, de Oakland a Portland, de San Francisco a Phoenix, y llegando más al sur hasta San Diego. Nos íbamos hasta Spokane, Yakima, y de regreso a Seattle por un tiempo. Las muchachas me escogían a mí, o yo las "arrebataba" de otros proxenetas, que, eventualmente se iban (quedaban embarazadas, arrestadas, arrebatadas por otros proxenetas, huían, etc.). Con algunas, yo formaba lazos más cercanos y se mantenían cerca por años.

El mismo tiempo, me sentía celoso por lo que tenía Ricky. Él estaba presionado por sus padres de poner todo su dinero hacia la compra de una casa. Entonces yo le di vuelta al carro de él para comprar un El Dorado 1973. Aun si él estaba siendo controlado un poco por sus padres, al menos él tenía el apoyo de una familia, con dos padres que se preocupaban por él. Él pudo conseguir firmas de fiadores para los préstamos. Él siempre parecía ir un paso por delante de mí porque él tenía las "muletas" que yo no tenía. Yo me sentía solo en el mundo.

Esta soledad y envidia que yo sentía solo le echaba gasolina al fuego de mi deseo por tener una familia "normal" en mi vida. Yo creo que estaba tratando de recrear a mi familia perdida atrayendo a las mujeres a que trabajaran por mí y pasando tiempo en aprender el Juego con jugadores más experimentados, frente a un tazón de cocaína. Era una familia sustituta. En noviembre de 1975, conocí a Herb, un hombre a quien otros llamaban "Superb Herb." Él era un proxeneta mayor y jovial quien conocía a todo el mundo y todo el mundo lo conocía a él. Él describió Fresno como "La Tierra Prometida" de la prostitución. Fresno era un área agrícola con una gran población de obreros hispanos y una policía que, por la mayor parte, se hacía de la vista gorda. Yo pienso que él sintió algo de orgullo al acogerme bajo sus alas. Él vio mi potencial como un proxeneta y me trató con una especie de preocupación paternal de la que yo sentía deseos.

Cuando llegamos a Fresno, él me presentó a otros proxenetas quienes, cada uno tenía entre seis o siete muchachos, y su propio lugar cómodo donde vivir. Ahí vi el Juego desde una perspectiva totalmente diferente. Estos hombres eran distintos a los proxenetas que yo había conocido en Seattle. Ellos se mezclaban con el mundo cuadrado. Eran casi "conservadores." Salimos y tuvimos un "soplo" juntos mientras nuestras muchachas estaban trabajando. Inhalábamos cocaína durante horas. Las cosas me estaban pareciendo esperanzadoras, de nuevo–al menos así lo pensé.

Para 1978, estaba de vuelta en Seattle. Durante este tiempo, hice algo que significaba mucho para mí. Manejé hacia el mismo lugar donde, siendo un niño de 14 años, me sentaba y veía a la gente. En aquel entonces, era una lavandería de ropa y yo veía al proxeneta George T. saliendo de la lavandería con su El Dorado

68 amarillo con café, y salir manejando con estilo. Ahora, a los 24 años, fui al mismo lugar, ahora un restaurante, en mi El Dorado 78. Me bajé de mi auto en mi traje brillante de dos piezas, tejido en negro con mis iniciales bordados. Mi cabello estaba echado hacia atrás como lo estaba el suyo.

Ordené una comida para llevar, y, al subir a mi auto, recordé cómo George había bajado su manivela hasta estar sobre su regazo y salió. Yo hice lo mismo, me doblé sobre la manivela, así como él, sosteniéndola con una sola mano. Salí con una sensación personal de logro. Yo era George T., la versión 1978.

Para 1979, había encontrado a cuatro muchachas. Salimos hacia Virginia y luego, a D.C.. Yo estaba, al fin, en un lugar donde Ricky no había estado. En el fondo de mi cabeza, yo estaba compitiendo con él. Amaba estar en la costa este. Fue aquí donde fui expuesto, por primera vez, a la cocaína de base libre. (Cuando es puesta en un tubo de ensayo con unas gotas de éter, y luego separada antes de ser recogida como un polvo ligero, e inhalada.) Esta era una forma más pura, más poderosa de cocaína. En D.C., ahora sí me estaba comenzando a sentir respetado. Un proxeneta me dijo, "Vaya, tienes que ser una persona increíble como para venir desde la costa oeste." Venían los años ochenta y, para mí, el futuro se veía brillante.

Para enero de 1980, estábamos de vuelta en la costa oeste. Había llevado a dos de mis chicas a un club nocturno fino en San Francisco para celebrar el Año Nuevo. Una de mis chicas, Gay, era conocida por perder los estribos cuando bebía. Yo no quería que ella me irrespetara en público, delante de todos estos reconocidos proxenetas y grandes líderes del Juego, por lo que no estaba muy convencido de permitir que ella bebiera. Ella me dijo, "Oye, bebé, ordéname una cuarta de Black Velvet whiskey." Yo estaba dividido, pero eventualmente decidí que eso no haría daño. *Ella me genera mucho dinero y se lo merece*, pensé. Gran error.

Gay comenzó a actuar "ligero"–volviéndose sugestiva sexualmente–luego, comenzó a discutir en voz alta con una de mis otras chicas que estaba a la mesa. Para mí fue suficiente. La tomé del brazo con fuerza y la levé afuera.

La bajé, arrastrada, por las gradas, abrí la cajuela de mi auto y la metí ahí, tirando la capota. Luego, me abotoné con calma el traje y me fui, de nuevo, arriba para sentarme con mis otras chicas. No sentí remordimiento alguno.

Manejando las dos horas de vuelta a nuestra casa, con Gay en la cajuela, pensé para mis adentro, *He trabajado muy fuerte como para permitir que una muchacha borracha me arruine la reputación.* No sentí nada por Gay, quien estaba herida y sangrando en la cajuela del auto. Me hice como si ella no estuviera ahí. Cuando llegamos a nuestra casa en Salinas, California, abrí la cajuela para dejarla salir y, entra murmullos y de manera semi coherente dijo, "No puedo mover mis brazos." Lamento decir que no sentí ningún remordimiento. Mi corazón estaba frío.

Ya estábamos en 1982 y yo fui a una fiesta de jugadores en Seattle. Sentía como si estuviera volviendo como un gran exitoso. La gente sabía quién yo era y lo que estaba haciendo. Ahora yo estaba jugando en grande con 5 prostitutas. *Lo logré. Ya no soy más ese muchacho de 16 años que caminaba por las calles de Seattle, mirando hacia dentro desde afuera,* Pensé para mis adentros. *Ya soy un proxeneta internacional con los carros, la joyería y la ropa que quiero. Mi nombre está resonando a lo largo del país.* Fue, durante este tiempo, que me permití la indulgencia del crac por primera vez. Sentí que merecía esa celebración. Comencé a fumar en serio. No podía parar, me mantenía despierto por más de tres días.

Más profundo, más oscuro

Luego, las chicas y yo nos fuimos a la Florida. Una noche, una de ellas regresó al bar sin mi dinero y se comenzó a bañar. Le grité, "¿No te deberías estar alistando para trabajar?" Ella respondió, "Me alisto cuando me quiera alistar." Yo no podía tolerar esa clase de irrespeto y la hice sacada del baño. Cuando finalmente solté un poco mi mano sobre ella, se fue rápido hacia la puerta y salió de prisa de la habitación de hotel, corriendo por el pasillo completamente desnuda. Aquí estaba yo, un hombre negro del sur, con una mujer blanca, desnuda, gritando y alejándose de mí.

Rápidamente, me puso unos pantalones y agarré mi maleta llena de joyería y pasé entre los huéspedes del hotel que ahora se me habían quedado viendo. Luego, atravesé la puerta, irrumpí en un campo y desaparecí entre la noche sin camisa ni zapatos. Me vi caminando en un bosque oscuro, infestado de lagartos. Decidí regresar al hotel para ver si era seguro entrar nuevamente en la habitación. Gateé por el exterior del estacionamiento y llegué a estar a 100 yardas de mi auto, ¡el cual tenía un carro de policía estacionado al lado! Rápidamente, decidí tomar el Orange Blossom Trail, la calle principal que conectaba Kissimmee con Orlando. Venía caminando por esa calle y vi un automóvil estacionado que, repentinamente, encendió las luces. La policía encontró al hombre negro sin camisa y sin zapatos que habían estado buscando. La búsqueda se acabó.

Me pusieron las esposas. Escuché a uno de los oficiales decir, "creo que ya tenemos a nuestro sospechoso." Luego, el mismo policía se volvió a mí y me dijo, "Amigo, vas a la cárcel." Me tomaron los datos y me enviaron a la cárcel. De un momento a otro, estaba con uniforme azul.

Después de 30 días en la cárcel, fui transferido a la cárcel del centro de la ciudad. Ahora sí que me estaba asustando. Ahí estaban todos los criminales "de talla gruesa". Varios de ellos me acogieron bajo sus alas, y fue en la cárcel que hice algunas conexiones con criminales que, probablemente, estarían ahí su vida entera. Inesperadamente, la prostituta que había iniciado toda la experiencia carcelaria vino a visitarme. "Me voy a ir, pero no quiero presentar cargos. Supuse que deberías saber eso." Caminando de vuelta a mi celda, yo supe que esas eran buenas noticias. Pronto debería estar saliendo de ahí.

Poco después, fui liberado de la cárcel, después de siete meses de haber estado encerrado. En lo que salía del edificio, me puse una camiseta y zapatos, y caminé apenas una cuadra antes de comprar una "bola ocho" de droga. Me encerré en un motel por tres días y me gasté unos $600 en drogas. Ya estábamos en 1986 y mi consumo de cocaína estaba en aumento. Había sido capaz de controlarlo en el pasado, pero ahora me estaba empezando a controlar a mí. Me estaba preocupando–aunque no estaba listo para hacer nada al respecto, aún.

CAPÍTULO CINCO

Paternidad no planificada

Alrededor de este tiempo, me di cuenta de que Rhonda, una de mis chicas estaba embarazada. Ella había tenido ya dos o tres abortos previos, pero este era su primer embarazo que decidía tenerlo, pensando de que era hora de tener una familia propia. ¿Cómo me sentía acerca de ella estando embarazada? Rhonda había sido leal y comprometido conmigo; sentía que le debía es estar igualmente comprometido con ella, por lo que decidí apoyarla.

El 13 de julio, de 1987, Rhonda dio a luz a nuestro hijo, Nick, quien nació seis meses prematuro. Nick estaba en una incubadora durante los primeros cuatro días de su vida, pero pudo venir a casa con Rhonda. Tan solo un par de semanas después, ella volvió al trabajo. Ella encontró a una familia que cuidara a Nick, mientras ella trabajaba en las calles.

Cuando yo regresé a California, me di cuenta de que había engendrado a otro hijo, de otra de mis muchachas; ella lo llamó Dontay. Él había nacido 13 meses antes que Nick, aunque yo no sabía acerca de él. Yo no quería verme envuelto en el drama de su mamá, por lo que yo de vez en cuando asomaba mi cabeza para ver a mi hijo. Rápidamente, me estaba dando cuenta que no era capaz de ser el tipo de padre que yo quería ser.

Ya era 1988, y yo me estaba drogando en una cuartería en Salinas, cuando conocí a Kathy, una hermosa prostituta de raza negra, quien también era una experta ladrona. Rhonda se estaba adaptando a la maternidad. Kathy, era una máquina para hacer dinero. Entre el robo y la estafa, ella nos consiguió el dinero suficiente para que fuéramos a Montana, Salt Lake City y Reno. Las cosas se estaban tornando cada vez más complicadas. Mi consumo de drogas estaba aumentando, y en 1989, Kathy quedó embarazada con nuestro otro bebé. Todos estos bebés eran hijos míos. ¿Cómo podría hacer que esto funcionara? Un día, cuando ella tenía casi cinco meses de embarazo, los hurtos de Kathy trajeron $10,000. Para este punto, ya habíamos decidido que ella necesitaba realizarse un aborto, ella era nuestra fuente principal de dinero. ¡Necesitábamos que ella siguiera trabajando!

De camino a la cita para el aborto, nos drogamos y se nos olvidó. Nos mudamos a Montana, donde Kathy tuvo el bebé y lo llamamos Marvin Junior. Aunque yo no lo reconocía en aquel momento, la gracia de Dios estuvo muy presente, aun en mi estado de oscuridad.

Fue para este momento, que la cocaína se introdujo en Billings. Los efectos fueron catastróficos. Prostitutas y proxenetas, por igual, estaban volviéndose adictos, y el dinero por esa industria estaba siendo desviado por los traficantes de drogas y redirigido a California. La economía del mundo subterráneo estaba devastada.

Como resultado de eso, el dinero fue escaso durante los siguientes tres años. Cuando se secó, vendí todos nuestros muebles y Kathy y yo y bebé Marvin nos mudamos a una habitación de motel. Yo compré un automóvil, pero nunca retiré las placas; solo tenía una calcomanía temporal. La vida fue difícil. Kathy y yo peleábamos frecuentemente y ella, eventualmente, huyó de mi ira y abusos–y no pude verla a ella ni a Marvin Jr. por varios meses.

Yo manejé hasta Spokane, Washington, para buscar una manera de llevarme de vuelta a California a donde estaban Rhonda y Nick. Fue aquí donde conocí a Carol. Me hice llegar a Seattle, tratando de "surgir"–que en vernáculo callejero significa que estaba tratando de reclutar un grupo de muchachas que trabajaran, de nuevo, por mí. Perdí y conseguí el contacto de otras prostitutas de mi pasado, teniendo relaciones con algunas de ellas. Finalmente, terminé en California, el cual fue, probablemente, mi punto más bajo jamás.

Rhonda estaba comprometida en otra relación, para ese entonces, por lo que tuve que limitas mi acceso para con mi hijo, Nick. Kathy estaba fuera de la foto, por lo que tampoco podía ver a Marvin. No podía conducir mi auto, ya que no tenía placas. Para colmos, en el tercer día de un trabajo legítimo que había, finalmente, conseguido en un intento por sobrevivir, fui arrestado de camino al trabajo debido a unas órdenes de captura sobresalientes–¡y caí preso por cinco meses!

Ya era 1991. Después de haber salido de la cárcel, escuché, por medio de una amiga, que Carol estaba tratando de contactarme, por lo que regresé a Spokane, todavía con el automóvil sin placas, y logré llegar ahí y quedarme por los próximos tres años, inmerso en la cultura y economía de la droga y la prostitución. Irónicamente, ya tenía a Marvin conmigo (Kathy lo había pasado a dejar para vivir conmigo durante este tiempo). Carol había tenido dos bebés, dos niñas. Jugábamos a "casita"–tratando de lograr alguna semejanza de normalidad en medio de un estilo de vida increíblemente oscuro y caótico. Desafortunadamente, yo no tenía idea alguna de lo que era "normal", ni cómo alcanzarlo. Pero el deseo estaba ahí.

A lo largo de este tiempo, traté de mantener una relación con mi hermana y sus hijos. La visitaba cuando podía, en su casa en Beacon Hill, un vecindario en Seattle. También me mantuve en contacto con mi padre adoptivo. Pops tenía una "novia" (a los casi 80 años). Él había visto a sus tres esposas morir en su tiempo de vida. Uno de sus dos hijos, de su primera esposa, fue asesinado en un club nocturno. Él vivió una vida complicada.

Yo regresé a Seattle con Marvin Jr. en enero de 1994, todavía consumiendo drogas, fuertemente. Busqué a mi padre adoptivo, ya que quería que conociera a su nieto. Después de un tiempo, Carol y sus dos hijas se me unieron, ella consiguió un trabajo de verdad. Yo, también, conseguí unos trabajos como obrero diurno, y comencé a ayudarle a mi padre en su casa, tal como lo había hecho cuando era niño.

Al llegar el verano del año 94, le ayudé a Pops con la siembra de los dos lotes vacíos, adyacentes a su propiedad. Cultivaba pepinos, repollo, cebollas, frijoles y otros vegetales y frutas en esos lotes. Hacía un vino fino, también. Un verano le ayudé a producir más de 40 galones de vino que él guardaba en el piso inferior. Algunas semillas de normalidad fueron sembradas, nuevamente, en mi corazón y vida durante este tiempo, y yo anhelaba verlas crecer y dar fruto.

Un día, visitando a Marion en Beacon Hill, conocí a una mujer llamada Jeanett, afuera de su apartamento. El novio de Marion me la presentó. En aquel momento no lo sabía, pero había acabado de conocer el mayor regalo de Dios para mi vida. Le pregunté si quería consumir un poco de crac, pero ella no me pareció como si fuera adicta. Ella tenía un hijo de tres años, llamado Jeffery. Esto comenzó un patrón de ir y venir a Beacon Hill para ver a Marion, con mi interés estando, cada vez más y más, en Jeanett, y luego, de vuelta a Kent para ver a Carol. Ocasionalmente, iba a la casa de Pops para verlo a él.

En una ocasión, fuimos de visita a la casa de mi primo, E.J. Jr., y estando ahí, llegó mi tío E.J.. Esta fue la primera vez que yo lo había visto, desde aquella terrible escena en la corte, cuando lo confronté por sus abusos, teniendo yo 16 años. Ahora, yo tenía 39 años. Lo miré, ahora un hombre de 83 años. "Me metiste en problemas," me dijo, abruptamente, al salir, tirando la puerta tras de él.

Un par de semanas después, recibí una llamada de Pops diciéndome que el tío E.J. se cayó y se quebró la cadera, y ahora estaba en un hogar de convalecencia. Decidí ir a visitarlo; Pops y Marion se me unieron. Cuando vi a mi tío, me sobrevino un sentimiento abrumador. No era ira o amargura por su trato hacia mí, sino más bien gratitud por el bien que él había puesto en mí. "Tío E.J., tú no puedes morir aquí. Tú pusiste muchas cosas en mí. Pusiste muchas cosas en mí, tío E.J. que yo he usado en mi vida," le dije.

Mi padre, quien también había recibido bullying, por parte del tío E.J., toda su vida, me vio honrar a este hombre en una manera que no había podido honrarlo antes. Mientras salíamos de la habitación, descansé mi mano sobre el hombro de Pops. Él, rápidamente, se alejó de mi mano y miró hacia otro lado.

Cuando regresé, dos días después, a ver a mi tío E.J., noté que había suavizado sus palabras hacia mí. "Marvin, tú ve y cuida de ese niño. Consíguete un trabajo y cuida de ese niño tuyo." Él me estaba expresando su amor de la única manera que sabía hacerlo. Él me estaba dando su mejor consejo, y era un consejo bueno. Al salir de ahí aquel día, tuve la sensación de que esta iba a ser la última vez que yo veía a este hombre con vida, y tuve razón. Cuando escuché sobre su muerte, me sentí feliz de que haya podido terminar con él de esa manera. No le guardaba nada en contra. El hombre había hecho lo mejor que podía, y yo había podido tomar lo que él había puesto en mi vida, aunque mucho de ello había sido doloroso.

Aún más profundo y más oscuro

Ahora estaba yendo y viniendo entra la casa de Carol en Kent, y la casa de Jeanett en Beacon Hill (bajo la excusa de visitar a mi hermana). Ahora Carol estaba, también, embarazada con mi bebé, sin embargo, estaba pasando más y más tiempo con Jeanett, con nuestra adicción al crac bajo control. Para mi vigésimo cuarto cumpleaños, el 25 de abril de 1995, llevé a Carol al hospital para dar a luz a nuestra hija, Lyric. La dejé ahí y me fui a drogar con Jeanett, quien, también, estaba con tres meses de embarazo de un bebé mío.

Después de que naciera Lyric, Carol creó un sistema que no dependiera de mí para ayudar a cuidar de la niña. Eso es lo que muchas mujeres afro estadounidenses han hecho durante generaciones. Han aprendido a levantar una red de apoyo que no dependa del padre. Al yo reflexionar sobre esto, entiendo que es inteligente, un sentido común de supervivencia por parte de ellas. Pero, también es un mensaje que se perpetúa solo, que reduce las expectativas acerca del involucramiento paterno, al decirle al padre que él no es importante. Esto fue lo que yo experimenté, así como muchos otros han experimentado anteriormente y continúan experimentando. Este fenómeno, lo único que ha hecho, es destruir familias y comunidades, y ha deteriorado severamente a la comunidad afro estadounidense, como lo voy a explicar más adelante.

En lo que yo gravitaba más y más hacia Jeanett durante los siguientes seis meses, nos estábamos drogando juntos, constantemente. Cuando ella dio a luz a nuestra hija, Devotion, en el Hospital Harborview, en Seattle, condujeron una prueba de drogas. Ellos encontraron crac en el sistema de Devotion y determinaron de que esta había sido la causa de su desarrollo retardado. Treinta días después del nacimiento de Devotion, vino el estado y la sacó del apartamento.

Pero, eso no fue todo. Un día, Jeanett y yo hicimos algo bastante tonto. Yo salí de la casa y dejé encendida la estufa. Jeanett salió de la casa justo después de mí y, pensando que estaba apagando la estufa, se devolvió y la volvió a dejar encendida. Dejamos ahí a Marvin Jr., quien ya contaba siete años, con sus hermanos menores, Jeffery y Devotion, en la casa. En nada, la casa estaba llena de humo y alguien llamó al departamento de bomberos. Al yo regresar a la casa, vi los camiones con sus luces encendidas, fui recibido con, "¿Sabes cuántas veces hemos venido por este tipo de llamadas y no ha resultado bien? Esto que hiciste es algo terrible." Yo contradije de que no era un mal padre, pero de nada sirvió. Los hechos hablaban por ellos mismos. Este incidente fue registrado por el Servicio de Protección Infantil como otro ejemplo de que Jeanett y yo no estábamos preparados para ser padres.

Todo esto motivó a Jeanett a someterse a un programa de rehabilitación de seis meses llamado El Proyecto Mamá–The Mom's Project. Después de tres meses de estar limpia y sobria, ella pudo tener a sus hijos con ella, de nuevo. Lamento admitirlo, pero en aquel momento, yo no entendía de qué se trataba todo ese proceso. Cuando Jeanett salió del tratamiento, lo primero que yo hice fue invitarla a que se drogara conmigo. Toda esa sobriedad se fue por la cañería. Ella comenzó a consumir drogas a un nivel de mayor intensidad que antes de que entrara en el tratamiento, yo comenzó a vender crac para mantener su hábito de consumo. Ambos estábamos fuera de control.

Despidiendo a Pops

Era febrero de 1997, y la salud de Pops se estaba deteriorando. Celebramos su cumpleaños 81, y a los dos meses falleció. Me hice cargo de que fuera sepultado en su mejor traje de domingo, tal como recordaba que se vestía cuando era joven.

Tuvimos una gran reunión en su casa, y de inmediato, los hijos del tío E.J. empezaron a hablar sobre tomar posesión de su casa y venderla. Eso fue poco después de yo recibir un papel que decía que Marion y yo recibiríamos $1,000 por la casa de mi padre, pero que, si yo contrarrestaba esta oferta, no recibiría nada. Aun en muerte, mi padre y sus hijos estaban siendo irrespetados por el tío E.J., esta vez, a través de sus hijos. Yo sabía que no era correcto ni justo, pero ¿qué podía hacer?

Yo nunca le había dado a Pops el honor que merecía. Él era un hombre bueno, honesto—un hombre trabajador que nos amaba a Marion y a mí, sus hijos adoptivos, de la mejor manera que sabía, trabajando bastante fuerte. Fuimos quitados de su lado cuando murió su primera esposa. Él nunca dejó de amarnos, tal como lo demostraba dándonos su apoyo cada vez que podía. Nunca olvidaré la bondad que mostró hacia mí cuando yo no lo merecía. Lamento nunca haberle mostrado el amor y respeto que merecía.

Finalmente llegando al final de mí mismo

Una noche vino el papá de Jeffery con una gran suma de dinero para Jeanett. Ella y yo agarramos un carro y nos fuimos a drogar, pasando varias noches en una habitación de hotel con el dinero, y dejando a Jeffery y a los demás niños en nuestra casa con su papá. Para entonces, corría 1997 y nuestra casa era un ambiente saturado de drogas y lleno de caos. Se tornaba más y más loco. Yo sabía que necesitábamos ayuda, por lo que fui y me hice una prueba de drogas y alcohol. Me dijeron que necesitaba internarme para recibir tratamiento por al menos 21 días.

Tomé mi auto y me fui a West Seattle, donde me subí al ferry que me llevaría a mi programa de tratamiento. Cruzando Puget Sound, un trabajador me vaciló, viendo mi maleta, Parece que te vas de vacaciones. ¿Es la vacación de 21 o 28 días a la que vas?" Él sabía exactamente a dónde iba yo.

Salí del tratamiento después de los 30 días y me di cuenta de que, estando yo fuera, los Servicios de Protección de Menores se habían llevado a Jeffery y lo pusieron en un hogar postizo. Jeanett tenía solamente a Devotion a su cuidado, pero el Servicio de Protección de Menores estaba buscando, activamente, su ubicación, para removerla de casa, también. Intentamos esconderla, pero yo cometí otro error. Pasé a dejar a Devotion a la guardería y me fui a drogar con Carol. Se me olvidó recoger a Devotion de la guardería y ellos llamaron al Servicio de Protección de Menores, quienes la pusieron bajo cuidado del estado.

Cualquier pizca de éxito u orgullo se había, hacía mucho, disipado. Era una existencia miserable, una desesperación día a día, el estado en el que me encontré aquel día de diciembre al ver al trabajador del Servicio de Protección de Menores alejar de mí a mi sétima hija.

Los pasados cuatro años había estado viviendo de viaje químico en viaje químico, bailando entre las casas de Carol y Jeanett. En enero de 1998, las autoridades me dijeron que tenía que regresar al tratamiento si quería tener la posibilidad de recuperar a Marvette del estado. Jeanett estaba completamente superada por su adicción e incapaz de ser una madre, pero yo sabía, en lo más profundo, que yo quería ser ese padre para mis hijos. Comencé a sentir remordimiento por haber reintroducido a Jeanett al crac, ya que su adicción, ahora, había regresado con venganza.

Al llegar abril, comencé a llamar a centros de tratamiento y finalmente conseguí la "fecha de cama" (espacio), la cual era 16 de abril. Estando en el tratamiento, me desaceleré lo suficiente como para comenzar a pensar acerca de mi vida como un todo. Tenía 43 años y nunca había sabido quien realmente era. Durante 22 de esos años, había estado en una búsqueda inútil por pertenecer a algún tipo de familia.

Pasé tanto de mi vida sin el amor de una madre y de un padre, y ahora tenía siete hijos con cinco mujeres diferentes–todos ellos creciendo sin mi presencia.

Estaba acordado con los Servicios de Protección de Menores para que Marvette, quien recién había cumplido un año, me visitara de semana de por medio, una hora, mientras yo estuviera en el tratamiento. Esa visita corta, cada dos semanas, hizo tanto por mí para motivarme a trabajar arduamente hacia la sobriedad. También fue notado por los demás residentes que yo estaba trabajando fuertemente en ser un padre comprometido. Parecía infundirles esperanza a ellos, también.

Con Jeanett aun en su adicción, yo me estaba preparando para la posibilidad muy real de que yo tendría que ser un papá soltero. Una voz dentro de mí me seguía diciendo que tenía que buscar un tratamiento para Jeanett. Sentía que mis hijos me dirían, "Papi, tú te compusiste, pero ¿qué de mamá? ¿Qué va a pasar con ella?" Esa voz me seguía insistiendo. Pero por ahora, si mis hijos llegaran a tener solo uno de los padres activo en sus vidas, era más probable que fuera yo.

Al mismo tiempo, comencé a darme cuenta de que mi búsqueda sexual desviada de todos estos años había provenido de algo más profundo que mi mero deseo sexual. Yo anhelaba tener una madre. El sexo había sido como una venda para esta profunda necesidad. También me di cuenta de que, en los pasados años, yo había estado bajo una cantidad tremenda de autoengaño debido a mi adicción a las drogas–un autoengaño de que yo había sido un buen padre para mis hijos, cuando la mayor parte del tiempo que yo había estado con ellos había estado bajo la influencia del crac.

Entre más volvía en sí, sobre mí mismo, al ir cediendo los efectos de mi adicción a las drogas, más me compungía emocionalmente esta realización. Durante tanto tiempo, mi adicción al crac me había permitido escapar del desamparo que yo sentía en mi corazón. Ahora, ¿a dónde podría ir con esta culpa? Ahora que ya no la podía enmascarar con las drogas.

CAPÍTULO SEIS

El camino hacia la recuperación

El tratamiento fue un lugar de una sanidad tremenda para mí, a varios niveles. Mientras que yo estaba en recuperación, casi todos los días parecían iguales (clases, tareas de trabajo, sesiones de consejería uno a uno, repetir.) Cada día se mezclaba con el siguiente, pero yo estaba determinado a mantenerme en el programa por el bien de mis hijos.

Un día, en una de mis clases, uno de los consejeros me preguntó, "¿Qué quieres hacer con tu vida?" Ni siquiera tuve que pensar al respecto, respondí rápidamente, "Quiero ser un cocinero." Parecía lógico. Yo trabajaba en la cocina, en el centro de recuperación y estaba pensando, ahora, en generar ganancias honestas. El consejero me miró, y sacado de onda me dijo, "¿Por qué vas a gastar tu buen talento en comida?" Su comentario tuvo un impacto fuerte sobre mí. Yo sabía que podía guiar a otros por el camino incorrecto, pero nunca se me había ocurrido la idea de que mis destrezas de liderazgo y habilidades blandas podrían, realmente, ser usadas para beneficiar a los demás en una manera positiva.

Para el día número 45, yo estaba sobrio por primera vez en muchos años, pero seguía estando atormentado por una cosa. Yo sabía que estaba sobrio, pero no estaba verdaderamente limpio. Me sentía sucio por dentro. La culpa y pena me estaban mirando directamente a la cara y no tenía drogas para calmar el dolor. Sentía remordimiento por las decisiones egoístas que había tomado, las mujeres que había lastimado, y más que cualquier otra cosa, el caos y la confusión que le había provocado a mis inocentes hijos. ¿Qué me podría limpiar por dentro?

Casi 2 años antes, había rondado el cristianismo, y hasta fui bautizado, pero rápidamente me alejé de la fe cuando sentí resentimiento hacia los miembros de la iglesia por "no cuidar de mí lo suficiente." Además, Jeanett se veía aliviada cuando, al fin, había terminado con la distracción religiosa para que nos pudiéramos continuar drogando juntos. Había servicios cristianos en el centro de tratamiento todos los domingos, conducidos por un pastor que era había sido anteriormente proxeneta. Eso me había captado la atención. Cada domingo, por tres semanas, intenté ir al servicio, pero cada domingo me seguía quedando por fuera y no lograba reunir la valentía para entrar. Para el cuarto domingo, finalmente, obtuve la fuerza para abrir la puerta y entré, encontrando un lugar en la última fila de atrás. Escuché el mensaje y vi el llamado al altar, donde las personas caminaban hacia el frente y le entregaban sus vidas a Cristo. Yo sabía que ero era lo que necesitaba para realmente cambiar mi vida. Al domingo siguiente, apenas podía esperar a que terminara el mensaje para yo poder pasar al frente. Lo hice. Al poco tiempo, el pastor le preguntó al grupo si alguien quería ser bautizado. Decidí que necesitaba hacerlo de nuevo y renovar mi compromiso. Esta vez yo iba en serio.

EL CAMINO HACIA LA RECUPERACIÓN

Hubo siete de nosotros quienes nos quisimos bautizar y el pastor nos llevó al lago Angle, cerca de Seattle para la ocasión. Se puso sus botas y bata y entró al agua, nos bautizó a cada uno de nosotros, uno por uno.

Después, mientras estábamos sentados en una banca, secándonos, un águila calva voló sobre el lago, bajó sus talones dentro del agua y luego los subió, y se fue volando. Había una señorita joven sentada a mi lado, en la banca, que recién se había bautizado. Ella exclamó, "¿Viero eso? ¿Vieron eso? águila acaba de sacar todo ese pecado del agua!" Yo estaba sorprendido. Nosotros siete éramos adictos a las drogas. Nos estábamos tratando de limpiar. Yo, por mí solo, había tenido años de eso, pero realmente creo que cuando yo descendí a las aguas en el lago Angle aquel día, ocurrió algo transformador. Simbólicamente, había muerto con Jesús, fue sepultado con Él, y–del desastre que había hecho de mi vida–fui levantado para vivir una vida nueva. Mi bautismo fue mi declaración de que yo era un hombre perdonado. Mi pecado fue removido; ya estaba separado para Jesús y listo para un comienzo en limpio.

Siento que necesito compartir lo que pasó después de eso, de lo contrario, le estaría fallando a mis lectores–porque después de que yo viniera a Cristo, ¡se desató todo el infierno! Regresé a Cedar Hills, donde vivía en un dormitorio con 20 adictos en recuperación, quienes habían tomado el voto de no consumir drogas o alcohol mientras vivían en aquella casa. Pensé que todas las cosas debían ya mejorar porque, ahora "tenía a Jesús"–pero no lo hicieron de inmediato. Fue realmente difícil.

En un servicio de iglesia, compartí mi frustración y desilusión con un hombre que había sido cristiano por muchos años. ¡Y se rio! Me dijo, "Marvin, ¿te acuerdas de lo que le pasó a Jesús, después de que fue bautizado? ¡Fue al desierto y se le apareció el diablo!"[9] Lo entendí, yo no estaba sufriendo nada que Jesús mismo no había soportado. Mi capacidad de resolución y mi espíritu fueron fortalecidos y mi esperanza fue renovada. Seguí yendo a hacerme un análisis semanal de orina para confirmar cualquier droga en mi sistema y estaba recibiendo un poco de dinero por parte del estado.

Yo tenía ya 43 años y nunca había mantenido un trabajo legítimo, excepto por aquellos breves instantes como obrero diurno en las etapas tardías de mi adicción al crac. Cuando la agencia de empleos me ofreció un puesto en la estación de Goodwill en Kirkland, Washington, acepté el empleo.

Jeanett

Estaba empezando a reconocer a aquella voz suave y quieta del Espíritu Santo, que me hablaba cuando estaba solo y me aquietaba de mis distracciones. La Biblia dice que podemos realmente escuchar de Dios cuando le amamos a Él y le pertenecemos a Él.[10]

No podía entender por qué Jeanett no lo estaba logrando bien. Luego, un día, en la ducha, escuché a Dios decirme, "Yo no puedo hacer nada por Jeanett porque tú no te quitas de en medio." Yo lo sentí diciendo que, como ser humano, yo quería poder decir que yo era quien le estaba ayudando a estar limpia, porque yo era quien la había llevado al vicio. Pero, Dios era quien lo quería hacer. Él quería tener el crédito por eso, y él quería que yo me quitara de en medio. Yo escuché. Por más difícil que fuera, me alejé de Jeanett por una semana entera. ¡Fue doloroso!

Luego, Dios me habló de nuevo, "Lo que sientes es dolor. Nunca habías sentido el dolor antes, porque siempre has estado drogado o ebrio, pero yo estoy aquí para decirte que estoy contigo para que el dolor no sea tan doloroso." Por primera vez en mi vida, aprendí que eso era exactamente cierto. Con el pasar de los días, ya no dolía tanto. Aprendí, en aquella experiencia, cómo atravesar el dolor, porque Dios estaba conmigo en medio de él.

También, aprendí que Dios no necesita de mí para cumplir sus propósitos. Él me da el privilegio de asociarme con él, pero él hace todo el trabajo. Yo solo soy sus manos y pies.

Por eso fue por lo que yo pude escuchar aquella voz cuando él dijo, "Yo quiero que vayas a la casa de Jeanett y veas si ella necesita algo para comer."

Fui, diligentemente, a su apartamento y toqué la puerta. Al abrirse, pude mirar hacia adentro de su apartamento oscuro y vacío. Apenas pudo murmurar palabra alguna cuando me envolvió con sus brazos y pareció colapsar sobre mi cuerpo. No tenía comida en el apartamento. Su teléfono, luces y calefacción, todo, había estado apagado. Ella estaba lo más delgada que jamás la había visto. En su balcón trasero, vi que tenía una parrilla de Hibachi, la cual estaba usando en un intento por cocinar un pollo entero congelado. Regresé con algo de comida y la dejé con una profunda tristeza y culpa en mi corazón. De nuevo, escuché una voz en mi espíritu, pero fue una voz muy diferente que aquella voz pacífica de Dios. Fue, más bien, una voz malvada que me dijo, "¿Por qué no simplemente te tomas ese líquido de limpieza y terminas con todo?" Yo super que era una voz demoniaca y no la voz del Señor, así que, le dije que se fuera, en el nombre de Jesús.

Obviamente, Dios se estaba moviendo, porque un corto tiempo después, Jeanett entró en tratamiento. Ocasionalmente, se nos permitía vernos y hablar asuntos de la custodia. Durante una de nuestras reuniones, una trabajadora social me llamó a un lado y me dijo, "Ella (Jeanett) no tiene oportunidad alguna de recuperar a los niños, y las posibilidades tuyas son de pocas a ninguna. Sin embargo, si estuvieran casados, eso ya sería un asunto distinto." Interpreté, erróneamente, las palabras de esta trabajadora social y asumí que ella me estaba aconsejando a que nos casáramos (Jeanett y yo) para poder recuperar a nuestros hijos del sistema de cuidado adoptivo. Por eso, ese mismo día, estando ella todavía en tratamiento, le pedí a Jeanett que se casara conmigo. Ella dijo, "Sí."

Yo tomé esto muy en serio, leyendo todos los días sobre el matrimonio en mi Biblia y orándole a Dios, rogándole que Él me ayudara a ser un buen esposo.

El pastor Donald Tatum, el hombre que me había bautizado cuando yo estaba en rehabilitación, nos bendijo patrocinando nuestra boda. Él nos dio $150 para yo rentar un traje, y la consejera de Jeanett le compró un vestido de bodas, blanco. ¡Dios estaba abriendo un camino!

Jeanett y yo no teníamos nada material entra nosotros, exceptuando a nuestros hijos. En un cambio de casa, sacamos todo del apartamento de ella, con el fin de serrar ese capítulo de nuestras vidas. No estábamos mirando hacia atrás, ¡porque no teníamos nada hacia dónde mirar atrás! Estábamos determinados a construir una nueva vida por nuestra propia cuenta, aun, si eso significaba comenzar con nada.

Vida nueva, perspectiva nueva

Jeanett y yo, ahora, teníamos una tarea que hacer juntos, criar a nuestras dos niñas, Devotion y Marvette. Además de eso, yo le ayudaría a ella a criar a su hijo, Jeffery y ella me ayudaría a criar a mi hijo, Marvin Jr. Lyric estaba con su madre en el oeste de Seattle. Ella ya no vivía con nosotros, pero me aseguraba de visitarla regularmente. También tenía a Nick en Salinas, California y a Dontay en Seaside, California.

Las consecuencias de mis decisiones, y las personas a quienes yo lastimé me abrumaban por completo. Además del sinfín de mujeres que yo había lastimado en el Juego, yo tenía un dolor particular por las madres de estos niños preciosos. Yo quería, ahora, ser un hombre responsable y un padre fiel. No sabía cómo hacerlo, más que hacerlo un paso a la vez, con Dios mostrándome el camino.

Ahora que Dios era el Señor de mi vida, ya no tenía que tratar y dirigirme yo mismo, sin rumbo alguno. Lo tenía que mirar a Él, confiar en Él. Eso fue lo que hice al comenzar a navegar por esta vida con una esposa y siete hijos, sobrio y dependiendo completamente de Jesús.

Criando a nuestra familia

Después de que Jeanett y yo nos casamos, ella aún seguía terminando su programa de recuperación y tenía que vivir en una viviendo específica que le había sido asignada, limpia y sobria. Una situación particular en la que estábamos, ¡Una pareja recién casada que ni siquiera podían vivir en la misma casa! Se nos permitía una visita semanal, supervisada, de una hora, con nuestros hijos. Una gran angustia me causó esto, al no poder envolverlos en mis brazos y decirles cuándo, exactamente, podríamos vivir juntos, como familia.

"Te extraño, papi," me decían las niñas. Mi corazón se sentía pesado y triste después de cada visita, pero eso me hizo querer luchar más fuerte, trabajar más fuerte. Yo sabía que Dios iba a reconciliar esta situación y que todos podríamos vivir juntos, como familia; solo necesitaba confiar en Él y en su tiempo. También sabía que el estado de Washington estaba buscando longevidad y compromiso de parte nuestra, los padres, antes de que pudieran poner a los niños, nuevamente, a nuestro cuidado.

Cerca del tiempo de Navidad, un pastor acordó ayudarnos con un préstamo para la renta del primer y último mes, para que Jeanett y yo pudiéramos rentar una casa. Jeanett encontró un anuncio en el periódico de una casa en el sur de Seattle, y la fuimos a ver. Cuando llegamos por la calle, al instante, me sentí enfermo del estómago. Sentía que este era un lugar donde se estaban vendiendo drogas. Parecía tenebroso. Yo no quería vivir en un vecindario que me provocara recaer. Mi corazón anhelaba un vecindario pacífico, centrado en la familia. Al llegar por la entrada, noté sellador fresco en la ventana delantera, indicando que la ventana había sido, probablemente, quebrada por la policía en un allanamiento por drogas. Una vez dentro de la casa, vi que los tomacorrientes estaban flojos, una señal de que drogan había sido escondidas ahí y probablemente encontradas durante el allanamiento. "Jeanett, no me gusta esta sensación, aquí.

Yo sé que esta era una casa con drogas. Me siento muy incómodo. Esta no es nuestra casa," Le dije. Sin embargo, Jeanett no estaba desconcertada ni un poquito por lo que vio. Donde yo veía una ex casa con drogas, ella veía una futura casa familiar. Ella veía la habitación principal con un baño grande y otras dos habitaciones. Ella podía ver la gran cocina y un patio trasero donde los niños podrían jugar. El garaje nos permitiría tener un carro (cuando lo pudiéramos comprar) estacionado en él, en lugar de sobre la calle. Ella me volvió a ver con esos grandes ojos castaños y me dijo, "Marvin, por favor. Hagamos esto." La terrateniente nos dijo que necesitaba un depósito de $500 para podernos mudar, y la iglesia, generosamente, nos proveyó un préstamo con esa cantidad. Nos pudimos mudar el viernes, 1 de enero, pero no logramos encender el calentador o la electricidad hasta el lunes. El invierno de 1998-1999 fue uno de los más fríos en los registros, por lo que fui a Safeway y compré unos $25 en leña. Los quemamos en nuestra chimenea durante todo el fin de semana, acurrucándonos juntos frente al fuego para mantenernos calientes.

Después de que pasara cierto tiempo, nos dimos cuenta de que la vida se estaba tornando difícil si un carro propio. Teníamos la cita para los análisis de orina, reuniones de padres, citas con trabajadores sociales más trabajo. Ambos, Jeanett y yo, no sentíamos seguros, con trabajos estables, y pudimos comprarnos un Crown Victoria '81 por $700. Esta fue la primera vez que yo pude comprar un carro con dinero honesto, que no me había ganado ilegalmente. ¡Qué sensación más maravillosa fue esa!

Dios obre en maneras maravillosas

Nuestra vida estaba recargada con reuniones para este tiempo. Yo dirigía nuestras reuniones de AA (Alcohólicos Anónimos) los lunes por la noche. Los jueves era la "Noche Familiar" en el Centro de Atlantic Street. Yo lideraba un grupo de varones y Jeanett asistía a un grupo de mujeres. Mientras asistíamos a las reuniones, trabajábamos en nuestras labores y nos manteníamos sobrios, en preparación para que nuestros hijos pudieran venir a casa, recibimos una tremenda motivación por parte del Seattle Family Center de Beacon Hill. En reconocimiento del dramático progreso que habíamos hecho, una señora escribió una carta de recomendación para nuestra familia, la familia Marvin y Jeanett Charles, para ser honrados con el premio de "La familia del año" del Atlantic Street Center. ¡Esto fue impresionante, ya que nuestros hijos ni siquiera estaban en casa, aun!

Jeanett y yo nos vestimos para la ocasión. El alcalde, Norm Rice, el primer alcalde afro estadounidense de Seattle, junto con otros dignatarios nos entregaron el premio. Yo pensé para mis adentros, *Catorce meses atrás yo era un drogadicto. ¡Solo Dios pudo haber hecho esto!* Me hizo pensar en el primer milagro registrado de Jesús, cuando convirtió el agua en vino, en las bodas de Canaán. Yo estaba así como el agua que Él convirtió en vino. El hecho de que Jeanett y yo recibiéramos un premio, mientras estábamos aun en el proceso, impactó mi filosofía acerca de los premios y cómo deberían ser usados de mejor manera, para ayudar a que las personas hagan cambios positivos. Las personas deberían de ser reconocidas y afirmadas mientras que aún están en medio de la batalla, no solo cuando "lo hayan logrado." ¡Aquí es cuando más necesitamos la motivación!

Por causa de este premio, fui entrevistado por el periódico Seattle Times, y una estación de televisión local transmitió la historia de Jeanett y mía. Comencé a ver que había un deseo tremendo en las personas de nuestra comunidad, de escuchar historias buenas de personas ordinarias superando obstáculos para mejorar sus vidas. La historia nuestra se convirtió en el fundamento que, eventualmente, se convertiría en nuestro ministerio, D.A.D.S., para contar historias de transformación de la vida real. Estábamos de camino hacia algo que era más grande que nosotros.

Después de seis meses de vivir en nuestra nueva casa, aun sin los hijos, finalmente tuvimos la oportunidad de traer a nuestros hijos a casa para una visita. En lo que Jeanett y yo nos estábamos alistando para recogerlos, sonó el teléfono. Aunque yo apenas estaba saliendo de la ducha, tomé la llamada.

"Hola, ¿este es Marvin Charles?"

"Sí," le respondí, pensando que era una llamada de telemercadeo.

"Señor. Charles, ¿tu cumpleaños es el 25 de abril de 1955?" preguntó la persona.

¿Qué clase de telemercadeo es este? "Si," respondí, ahora curioso, mientras me seguía secando de la ducha.

"Señor Charles, mi nombre es Karen King y yo fui contratada por Doris Brooks, tu madre, para encontrarte. Tú fuiste su hijo primogénito" me comentó con calma.

Me senté en el sofá, tratando de internalizar todo esto, y luchando fuertemente por retener las lágrimas. Yo había estado buscando, por años, a mi madre de nacimiento. Cada vez que intentaba encontrarla, llegaba a una calle sin salida. ¿Ahora ella me encontró a mí, con una sencilla llamada telefónica? No pude evitar sentirme impresionado por el momento en el que todo esto estaba sucediendo—no cuando estaba de proxeneta o durante mi adicción al crac. Mi madre me encontró, luego de que yo me había convertido en un seguidor de Jesús, limpio y sobrio, y durante la tarde misma cuando mi esposa y yo íbamos a poder llevar a nuestros tres hijos de regreso a la casa. ¿Era una coincidencia que todo esto estuviera ocurriendo durante esta noche en particular? Debería saberlo.

Viviendo como una familia

Jeanett entró a nuestro garaje con Jeffrey, Devotion y Marvette. Mientras entraba a la casa, les di a todos abrazos y luego llamé a Jeanett a un lado. "Jeanett, no me vas a creer esto. Me llamó una señora representando a mi madre. Mi madre–mi verdadera madre–me quiere conocer. Esta señora tiene papeles. Ella vive en Renton. Podemos ir ahí ahora y podría ver a mi madre *esta noche.*" Yo estaba emocionado y no quería esperar un minuto más. "Vuelve a meter a los niños al carro," le dije a Jeanett, sin ninguna preparación.

Ahora era la oportunidad de ella de sentarse e internalizar todo esto. "Dios está haciendo unas cosas ridículas," dijo ella. Nos metimos todos al carro con los niños y nos fuimos hacia la casa de Karen King en Renton. Después de firmar unos papeles, la señora King me dio la dirección de mi mamá, la señora Doris Brooks. ¡Ella vivía a tan solo diez cuadras de donde vivíamos actualmente, en nuestra casa en el sur de Seattle! Cuando mi madre abrió la puerta, le di un abrazo y me aferré a ella. "He esperado este abrazo toda mi vida," le solté. Con eso, la pude sentir sollozar con alegría. "Déjame verte," me dijo. Se quitó los lentes para que pudiera echarme una buena mirada. Sus ojos estaban mojados con lágrimas y los dos estábamos temblando de la emoción. "Mamá, te quiero presentar a tus nietos," le dije, lleno de orgullo. "Ellos son Jeffery, Devotion y Marvette." Ella comenzó a llorar, de nuevo, y le dio a cada uno un gran abrazo.

Al comenzar a oscurecer, decidimos que debíamos de llevar a nuestros hijos a la cama y retomar nuestra reunión el día siguiente. Cuando llegamos a la casa y los niños ya estaban en cama, Jeanett y yo nos sentamos en el sofá, reflexionando sobre el milagro que acaba de ocurrir. ¡Una reunificación con mis hijos y mi madre de nacimiento, en el mismo día! Nos dirigí en oración: "Señor, habíamos orado que tú unieras de nuevo a nuestra familia, ¡pero nunca soñé que harías esto!"

El día siguiente estuvo lleno de sorpresas. Nos sentamos en la casa de mi madre y comenzamos a mirar los álbumes de fotos. De repente, mis ojos se enfocaron en una persona. "¿Quién es él?" ¡Yo conocía a este tipo! Su nombre era Larron y yo había jugado balonmano de las Ligas Pequeñas con él y fútbol junior. "Oh, ese es tu tío Larron," me dijo mi madre, casualmente.

"¿*Tío* Larron? ¿Qué?"

Mi madre me explicó que la madre de ella ya estaba embarazada con Larron cuando ella se embarazó, siendo una muchacha de 14 años. El estado no le permitiría tener dos mujeres en la casa para estar recibiendo asistencia del gobierno, así que cuando yo nací, el Servicio de Protección de Menores vino y me quitó de la casa y me puso bajo cuidado del estado.

Yo le quería enseñar a mi madre donde yo vivía, por lo que nos subimos al carro y manejamos un par de cuadras hacia nuestra casa. En lo que nos acercamos a la casa, mi madre dio un profundo suspiro. Sacado de onda por su respuesta, le dije que sí.

Tu tío antes vivía aquí. Esta era la casa de mi hermano. Hemos tenido carnes asadas y reuniones familiares aquí. Yo conozco muy bien esta casa." ¿Alguna vez terminarían estas sorpresas? ¡Resultó que había aún más por venir!

La historia se esparce

La "coincidencia" ocurrió cuando mi familia, de unas 200 personas escogió, ese mismo verano, hacer de Seattle el lugar para nuestras reuniones familiares. Ellos movieron el lugar de la reunión alrededor del país, para que estuviera en un lugar diferente cada año. Este año en particular, Seattle resultó ser el lugar escogido y yo pude atender y conocer a más de 200 familiares. ¡Qué sensación más increíble fue, saber que yo era parte de una familia grande y amorosa, cuando todo este tiempo yo pensé que no tenía nadie!

Conmovidos por la naturaleza dramática de nuestra historia, Karen King alertó a los medios noticieros que una madre y su hijo habían sido reunidos después de 43 años. El Seattle Times y KING 5 News se acercaron y transmitieron la historia. También asistí a un par de entrevistas en radios locales y programas vespertinos.

Al poco tiempo, mi madre y yo fuimos contactados por una cadena de televisión alemana que estaba haciendo historias acerca de grandes cosas que han sucedido en el siglo XX. Nos llevaron hasta Cologne, Alemania para realizar una transmisión en vivo y nos pagaron $5,000 a cada uno por estar en el programa. ¡Qué gran experiencia–todo, por supuesto, hechura de Dios!

El día después de que hicimos el programa, mi madre y yo pudimos salir a pasear por Cologne. Llegamos a una hermosa iglesia con un patio extravagante. Cuando yo la vi, lo único que pude hacer fue caer de rodillas con lágrimas de alegría y acción de gracias, y dando gracias a Dios por lo que Él había hecho en mi vida.

Más progreso

Para el invierno de 1999, ya era hora de que Jeanett y yo regresáramos a la corte para ver si podíamos recuperar a nuestros niños permanentemente, sin más involucramiento por parte del estado. Sentí que habíamos atravesado toda barrera posible y que ya

EL CAMINO HACIA LA RECUPERACIÓN

no había mucho que pudiéramos hacer para probarnos capaces. Cuando llegamos, mi expectativa era que el juez pudiera reconocer todo el arduo trabajo y cerrar nuestro caso. Sin embargo, en lugar de eso, estas fueron las palabras que escuchamos: "Yo creo que voy a mantener este caso abierto por unos seis meses más. Voy a permitir que los niños estén en la casa el tiempo completo, pero siempre voy a requerir que la familia Charles sea monitoreada con visitas de un trabajador social, dos veces por semana."

Esto se sintió como una patada en mi estómago. Estaba visiblemente enojado. Fue en ese momento, que una abogada puso su mano sobre mi hombro y me dijo, "Señor Charles, no eches esto a perder. Ya casi terminamos. Yo he estado supervisando este caso por mucho tiempo. Solo van a ser seis meses. Tú puedes hacer esto." Esas palabras eran lo que yo necesitaba en aquel momento. Ella fue un ángel de Dios para aquella tarde.

Durante el verano del año 2000, envié a mi mamá a Oakland para visitar a mi padre biológico. Cuando ella regresó, me llamó con una noticia un poco extravagante. "¡Tu papá me pidió que me casara con él y yo dije que sí!" ¡Esta historia se estaba volviendo aún más loca! ¡*Dios estaba realmente haciendo unas cosas ridículas*, en las palabras de Jeanett! Yo no podía creer esta impresionante reconciliación que Dios estaba trayendo a esta familia. Tan solo uno años atrás, estábamos todos esparcidos, apenas sabiendo de la existencia de los demás.

Karen King se enteró de estos últimos acontecimientos y contactó a los medios locales y nuestra historia llegó a los periódicos y estaciones de televisión, nuevamente. Para este momento, las estaciones de televisión nacional comenzaron a prestarnos atención. Primero, fuimos contactados por un programa de televisión por cable llamado *Beyond Chance* (más allá de la casualidad), cuya anfitriona era la cantante Melissa Etheridge. Luego, ABC, NBC y CBS nos contactaron. NBC me llamó primero, ofreciéndonos volar para ese día para estar con Bryant Gumbel.

Pero ABC tenía una mejor oferta: nos volarían a Mamá, Papá, Jeanett y yo a Nueva York para estar en *Good Morning America* con Diane Sawyer. Encima de eso, nos darían un par de noches adicionales de hotel y los recursos para disfrutar de las atracciones de Nueva York. Aceptamos hacer el programa y tuvimos la experiencia de nuestras vidas.

Cuando regresamos a casa, a Seattle, nuestra vida comenzó a asentarse a una nueva normalidad. Al fin, llegó el día en el que nuestro caso fue cerrado. Ya no habría más monitoreos por parte de los Servicios de Protección de Menores, no más pruebas de orina requeridas, no más citatorios para la corte. Estábamos, finalmente, con nuestra familia como andando en bicicleta sin las ruedas de entrenamiento, y se sentía bastante bien. Para este momento, mi hijo, Marvin Jr., quien vivía con sus abuelos maternos, en el área de la Bahía, vino a visitarme. Yo lo invité a que se quedara con nosotros en Seattle, permanentemente. Ahora, teníamos a dos niñas, Devotion y Marvette, y dos niños, Jeffery y Marvin Jr., en nuestro hogar. La única hija mía en Seattle, que no estaba bajo nuestro techo, era mi hija, Lyric, quien todavía vivía con su madre.

El nacimiento de D.A.D.S.

Yo, ahora, estaba trabajando para OASIS (Office Assembly & Systems Installation Services–Servicios de Arreglo de oficinas e Instalación de Sistemas). Esta compañía arma espacios de oficina a lo largo del Puget Sound, particularmente, para Microsoft en Redmond, la cual ha estado expandiendo, rápidamente, su sede internacional, enrumbándose a convertirse en la compañía tecnológica más grande del mundo. Claro que nos pagaban horas extras, lo cual ayudaba, pero, aun así, estaba ganando cerca de $1200 al mes.

Trabajando para OASIS, fue mi primer trabajo donde mi empleador me dio mi número de Social Security. Ese simple hecho activó una avalancha de consecuencias para mí, donde cerca de $800, al mes, era puesto en riesgo de mi, ya pequeño, salario. Como mi información ya estaba "en el sistema," las víctimas de mis comportamientos pasados (como bancos a quienes les había escrito cheques malos), ahora podían recibir compensación de mi labor. Me di cuenta de que, cosechar las semillas que había sembrado por tanto tiempo, era algo extremadamente doloroso–tan doloroso que, en verdad, a veces, la tentación de estar informal era casi irresistible. Lo más grande que me impidió regresar fue ver a mis hijos inocentes y el dolor que ya les había provocado.

Aunque estaba trabajando, algunos días, de 16 a 18 horas al día, sentía la fatiga física, así como el estrés emocional de la carga financiera de cuidar de una familia tan numerosa. También, aprendí que el matrimonio era una tarea bastante difícil. Como adictos recuperados, Jeanett y yo estábamos aprendiendo, juntos, cómo es una relación funcional, amorosa y Cristo céntrica. Yo le hacía preguntas, en ocasiones en que me sentía desanimado, acerca de lo difícil que era.

"¿Hicimos esto mal? ¿Tomamos la decisión correcta al casarnos?" Gracias a Dios, pudimos quedarnos en nuestra casa, porque estábamos recibiendo asistencia del gobierno de la Sección 8, pero

Jeanett, al poco tiempo, fue despedida del trabajo, poniendo más presión financiera sobre nosotros.

Para aliviar un poco la presión, yo pude conseguir eventos como orador en algunas partes. Yo podía solo meter el cassette VHS del programa de *Good Morning America* o del segmento de *Beyond Chance* y luego contar mi historia. Comencé a convertirlo en mi misión el empoderar a los padres para enderezarse y estar presente para sus familias.

De ahí en adelante, comenzó a crecer dentro de Jeanett y yo, el deseo de tomar lo que habíamos aprendido hasta el momento en nuestra travesía, y ayudar a otros. Habíamos superado tantos obstáculos para llegar a donde estábamos, pero éramos solo personas ordinarias y sabíamos que lo que habíamos logrado era reproducible.

Había cosas prácticas que tuvimos que aprender acerca de tratar con las cortes y las varias agencias estatales, y había tantos principios de fe, honestidad, oración y asociación con otros que habían hecho toda la diferencia. Este abordaje espiritual y práctico significó elegir el camino de Dios en lugar del nuestro propio. Estábamos listos para compartir lo que habíamos aprendido.

A Jeanett se le ocurrió el nombre que sería bastante reconocido, en lo urbano de Seattle, como un lugar de esperanza para hombres que deseaban estar comprometidos, nuevamente, con la vida de sus hijos: "Divine Alternatives for Dads Services–Servicios de Alternativas Divinas para Padres" (D.A.D.S.). Nuestro pastor, en aquel tiempo, nos enseñó a cómo registrar y aplicar para una nuestra licencia estatal para negocios. Y, tan sencillo como eso, ¡fundamos, juntos, nuestro negocio! Hicimos tarjetas de negocio y comenzamos a reunirnos con personas en nuestra propia sala.

Había comenzado, en Seattle, un movimiento de transformación, una familia a la vez.

Con el tiempo, Jeanett y yo, nos pusimos en contacto con el directos de una gran organización sin fines de lucro, llamado The Northwest Fathering Forum (El Foro de Paternidad del Noroeste). Él nos ayudó a obtener el estatus de sin fines de lucro para D.A.D.S., y hasta nos patrocinó. Él nos abrió los ojos al hecho de que no estábamos solos, más bien, lejos de ello. Que éramos parte de un movimiento–el movimiento de la paternidad– que estaba empoderando a hombres, como yo, a lo largo de la nación.

SER PADRES

FOTOS DE LA FAMILIA CHARLES

Marvin de bebé (6 meses)—1955

Marvin (edad 8)—1963   *Marvin (edad 28)—1982*

SER PADRES

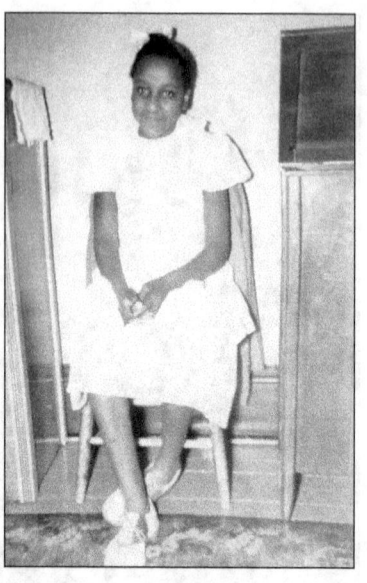

El padre de Marvin, Willie Cheatem (edad 12)—1957

La madre de Marvin, Doris Jean (edad 14)—1950

Los padres de Marvin, reconciliados y casados, 2002.

La familia Charles, Primera Pascua después de la reconciliación—1999 I-D: Marvin Jr. (10), Lyric (5), Marvette (2), Devotion (4), Jeffrey (7), Marvin, Jeanett

Marvette (4), Lyric (6), y Devotion (6)—2001

I-D: Lyric (5), Marvette (2), Devotion (4), Marvin, Jeffrey (6), Jeanett, Marvin Jr. (10), Nick (14)—2000

EL CAMINO HACIA LA RECUPERACIÓN

I-D: Devotion (6), Marvette (4), Marvin Jr. (11), Jeanett, Jeffrey (8), Lyric (7), Marvin—2002

*Marvin y Jeanett renuevan sus votos matrimoniales
en el Occidental Park en Seattle—2005*

L-R: Lyric (11), Jeanett, Nick (17, al frente), Marvin, Marvin Jr. (14, izquierda superior), Marvette (9), Devotion (11), Jeffrey (13)—2005

I-D: Jamie-Michelle (9 meses), Jeanett, Marvin, Marvette (11), Devotion (13), Jeffrey (15)—2007

I-D: Jamie-Michelle (7), Jeanett, Marvin, Devotion (20), Lyric (20), Dontay (29), Marvette (18)

Todas las niñas, I-D: Devotion (20), Lyric (20), Jamie-Michelle (7), Marvette (18)

Dontay (29) y Marvin—2016

Marvin y Jamie-Michelle (7) Marvin y Jeanett—2016

CAPÍTULO SEITE

Las causas y efectos de la falta de paternidad

Quiero tomar un momento fuera de mi propia historia para hablar acerca del problema de la falta de paternidad en los Estados Unidos, porque la historia mía es tan solo un microcosmos de lo que está sucediendo a nivel nacional en proporciones exponenciales. Quédate conmigo mientras te muestro unos datos y estadísticas. Es importante entender cómo mi vida calza dentro de un contexto más grande.

Como joven urbano de color, creciendo en los años ochenta, mi vida—así como la de muchos otros— fue "acomodada" para perpetuar la falta de paternidad. Un joven como yo, generalmente, no conocía a su padre y veía a su madre tratando de proveer para él trabajando largas horas, y aun así, requiriendo asistencia gubernamental. En las noticias, él veía imágenes dramáticas de afro estadounidenses atletas y del mundo del entretenimiento ganando el premio mayor, recibiendo respeto y admiración. La cultura hip hop y de la música rap glorificando la cultura de la droga en las calles, como una manera para proveer un estilo de vida que él soñaba tener.

Popularizadas por películas como *Super Fly* y *Mack*, las drogas se volvieron, instintivamente, de moda en lo urbano de los Estados Unidos, para aquellos que estaban envueltos en la vida rápida. Los traficantes de drogas se mudaron a, y tomaron control de "los proyectos" (desarrollos de vivienda" y, siendo lo oportunistas que eran, esperaban a que las madres se pusieran bajo la ayuda del gobierno para recibir sus cheques. Los hombres que, a menudo, vivían con estas mujeres usaban y vendían drogas hasta que fueran a prisión, murieran o se fueran con otras mujeres.

A principio de los sesenta y setenta, la cocaína, en particular, era la droga a la que solo las personas de recursos tenían acceso. Sin embargo, a finales de los años setenta fue introducido la "base libre." Este es un método en el que la cocaína es convertida en líquido, secada y recogida en una forma de polvo mucho más potente para luego poder ser inhalada. Para los años ochenta, apareció un proceso mucho más barato para manufacturar esta droga, el cual fue conocido como "crac."

Para los años noventa, el crac se infiltró en el corazón de las ciudades de los Estados Unidos, por medio de las pandillas y otra película, los cuales marcaron la tónica de cómo las pandillas y la violencia se convertiría en la norma en los Estados Unidos. La venta de cocaína se convirtió en una manera de hacer dinero para los jóvenes urbanos en los años ochenta. En lo que cada vez más y más hombres jóvenes entraban en esta competición, se establecieron territorios y aumentó la actividad de pandillas y la violencia. Fue una época tumultuosa. Aquí fue cuando el establecimiento de

LAS CAUSAS Y EFECTOS DE LA FALTA DE PATERNIDAD

perfiles raciales se volvió una práctica común en los departamentos de policías. A menudo, un oficial de la policía detendría a un carro lleno de muchachos afro estadounidenses y tendrían pistolas Uzi con ellos en el carro. Todos estos muchachos provenían de hogares monoparentales, con un padre ausente, ya que los padres estaban, para este momento, a menudo, en la cárcel. El sistema criminal estadounidense intentó tratar con la venda ilegal de drogas desde la raíz urbana, lo mejor que podía. La solución con la que llegaron fue aminorar la violencia y sacar a los vendedores de drogas de las calles y encarcelarlos.

Durante los años ochenta, un hombre afro estadounidense podía obtener hasta 25 años por vender cien dólares de cocaína (dos gramos). Era común que un hombre blanco, durante aquel tiempo, recibiera un probatorio de 6 meses por el mismo crimen. En 1992, había más hombres negros en la cárcel que en la universidad.[11] Esto, junto con el uso de perfiles raciales, despertó la ira en contra de la comunidad afro estadounidense y, desafortunadamente, una justificación por la actividad ilegal en la que estábamos envueltos.

En lo que los años ochenta se convertían en los noventa, la cultura de las drogas y la violencia entre los hombres jóvenes de color y sin padres continuó. La violencia y los tiroteos parecieron desbordarse. Más y más de nuestra gente estaba siendo asesinada por causa de la violencia. En la mente de las personas, ellos morían solo tratando de cuidar de sus mamás, para darles una mejor vida. La atracción del dinero fácil y el sabor de la vida fácil eran cosas muy difíciles de resistir para los hombres jóvenes sin padre ni dirección.

> *"Durante la mejor parte de 30 años hemos estado llevando a cabo un experimento con la familia, y ahora han llegado los resultados: el deterioro de la familia de dos padres, casados, ha resultado en pobreza, poca salud, fracaso escolar, infelicidad, comportamiento anti-social, aislamiento y exclusión social para miles de mujeres, hombres y niños."*
>
> —Rebecca O'Neill, Experiments in Living:
> *The Fatherless Family*

Las raíces de la falta de paternidad

En los años cuarenta y cincuenta, en el Distrito Central de Seattle, donde yo crecí, un área de unas 4 millas cuadradas, la mayoría de la población era predominantemente raza mixta. Había personas de arduo trabajo que le enseñaban a sus hijos a ser "vistos, pero no escuchados." En ese tipo de ambiente, mamá y papá trabajaban para que sus hijos pudieran tener una educación y una mejor vida. Había una estructura para la familia y un ritmo de vida.

Sin embargo, no existía mucha conexión emocional de los padres hacia los hijos, la brecha generacional era algo real. Cuando los padres les decían a los hijos que "hicieran lo que se les decía," era mayormente desde el temor. Con las leyes Jim Crow siendo usadas en muchos lugares alrededor del país, los padres negros sabían que cualquier mal comportamiento en sus hijos conllevaría repercusiones serias y dolorosas.

Cuando ocurrían las crisis en una familia–como divorcio o una muerte–no eran explicadas a los hijos. Los niños no podían

LAS CAUSAS Y EFECTOS DE LA FALTA DE PATERNIDAD

Creciendo sin padre
Cuando padres e hijos viven por separado

%
Frecuencia de las visitas

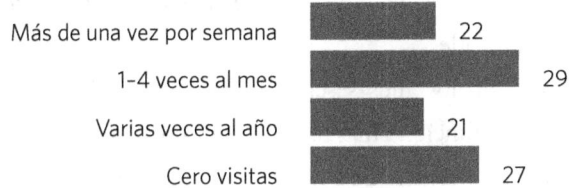

Más de una vez por semana 22
1-4 veces al mes 29
Varias veces al año 21
Cero visitas 27

Frecuencia de las llamadas/correos electrónicos

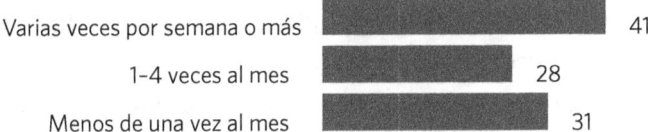

Varias veces por semana o más 41
1-4 veces al mes 28
Menos de una vez al mes 31

Nota: basado en padres que viven separados de al menos un hijo de 18 años o menor. Las frecuencias corresponden al año anterior. Las respuestas de: "No sé/Me rehúso" no están reflejadas.

Fuente: Estadísticas de la Encuesta Nacional sobre el Crecimiento Familiar del Centro de Investigaciones Pew.

CENTRO DE INVESTIGACIONES PEW

obtener de sus padres entendimiento, sanidad o guianza. Ellos–y puedo decir con seguridad "nosotros"–nos volvíamos a nuestros pares para ayudarnos a averiguar cómo navegar por la vida.

El alcohol era, generalmente, una gran parte de la vida de hogar en mi comunidad. Después de trabajar por varias horas, había una sensación de merecimiento a ello, usarlo para esparcimiento. Nuestros padres "bajaban la guardia", especialmente los fines de semana–apostando, yendo a las tabernas y, en Seattle, los cabarés de jazz y escenarios musicales clandestinos. Una madre con sus hijos no podría hacer eso. En internarse los padres en este estilo de vida, a menudo conocían a otras mujeres y abandonaban sus hogares. A veces, embarazaban a esas mujeres y luego las abandonaban. Esta es una de las raíces de lo que está ocurriendo hoy día en nuestras comunidades.

Cuando llegaron los años sesenta, la mentalidad de "haz lo que se te dice" ya no funcionó más para la juventud afro estadounidense. Salieron las tensiones. Con el movimiento de los Derechos Civiles y el rompimiento del matrimonio tradicional en la cultura estadounidense como un todo, más y más niños urbanos nacían fuera del matrimonio y eran criados por madres solteras y abuelas. Los disturbios después del asesinato de Martin Luther King Jr. llevaron la tensión al punto de ebullición en muchos vecindarios urbanos, causando una "lucha blanca." Todo esto puso la mesa para los años setenta y ochenta, cuando las drogas inundaron la vida urbana de los Estados Unidos.

Los años setenta fue un período de mucha incertidumbre en la economía, como tal, de los Estados Unidos. Todos podemos recordar las filas para combustible, el alto desempleo y la inflación. Esto fue un golpe duro para las áreas urbanas, en especial.

Se comenzó a desarrollar una economía clandestina, donde muchos hombres tomaron las actividades ilegales como necesarias para vivir y cuidar de sí mismos. Mi vida como proxeneta comenzó durante esos años, aunque ahora no es algo que me enorgullece. Me parecía a mí, y a otros como yo, una elección legítima de estilo de vida, dadas las opciones a como yo las veía.

Patrones generacionales

A menudo hablo con los hombres acerca de mis inicios, con una madre de 14 años y un padre de 20, nacido fuera del matrimonio. Les pregunto, "¿Cuántos de ustedes dejarían que su hija de 14 años saliera con un hombre de 20?"

Casi siempre, unánimes responden, "¡Jamás!"

Luego regreso a ellos con, "¿Cómo lo podrías parar si no estás ahí?"

Los embarazos adolescentes, nacimientos fuera del matrimonio y hogares con madres solteras son solo algunos de los muchos resultados negativos de la falta de paternidad. Las probabilidades de que un niño crezca en pobreza, solo por causa de ese solo factor, se incrementan grandemente; de hecho, los niños en hogares sin el padre son cuatro veces más probables de terminar siendo pobres. En el 2021, el 7.5% de los niños de familias con una pareja casada, vivían en pobreza, comparado con el 35% de niños en familias con la madre solamente.[12]

Además de la pobreza y los embarazos fuera del matrimonio, consideremos los "frutos" documentados de la epidemia de la falta de paternidad:

1. Consumo de drogas y alcohol

   Los hijos de hogares monoparentales tienen un riesgo sustancial de abuso de alcohol.[13] Adicionalmente, el Departamento de Salud y Servicios Humanos de los Estados Unidos establece, "Los niños carentes de un padre están presentan un riesgo dramáticamente mayor de consumo de drogas y alcohol."[14]

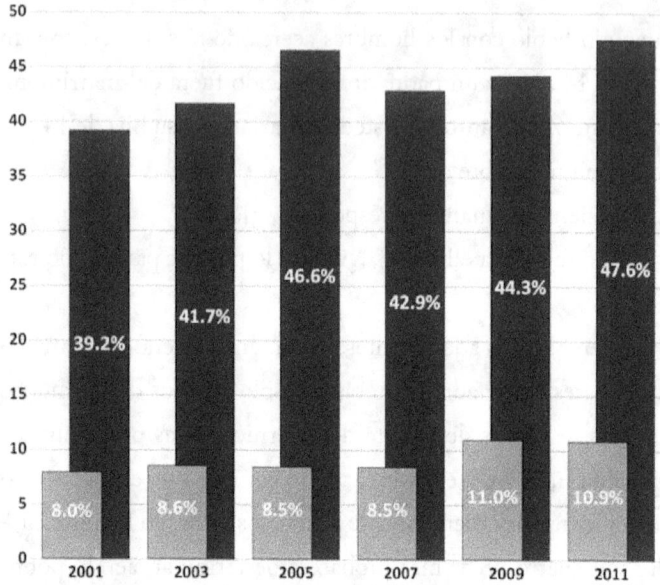

Niños en pobreza por estructura familiar

- Familias de parejas casadas
- Hogares con mujer cabeza de hogar

Año	Familias de parejas casadas	Hogares con mujer cabeza de hogar
2001	8.0%	39.2%
2003	8.6%	41.7%
2005	8.5%	46.6%
2007	8.5%	42.9%
2009	11.0%	44.3%
2011	10.9%	47.6%

2. Salud física y emocional afectada

   En un estudio de 1,977 niños de 3 años, o mayores, que vivieron en una residencia con padre o figura parental, se encontró que los niños que vivían con los padres biológicos casados presentaban significativamente menores problemas de comportamiento (tanto externalizando como internalizando) que los niños viviendo con al menos un padre no biológico.[15] Trágicamente, los niños de hogares monoparentales presentan dos veces la probabilidad de cometer suicidio.[16]

3. Rendimiento escolar bajo

   Ha sido bien documentado que los niños que viven con un padre biológico logran un mayor nivel académico que aquellos

LAS CAUSAS Y EFECTOS DE LA FALTA DE PATERNIDAD

que no viven con su padre, o al menos no su padre biológico. Además, los niños de séptimo a doceavo grado que han experimentado divorcio, separación o nacimiento fuera del matrimonio tuvieron promedios de menor calificación que aquellos que siempre han vivido con ambos padres biológicos.[17] Junto a estos mismos hallazgos, el 71% de las deserciones de secundaria son sin un padre; los niños sin padre tienen más problemas académicamente hablando, sacando puntuaciones menores en lectura, matemática y habilidades de razonamiento. Los niños de hogares carentes de un padre son más propensos a ausentarse de la escuela, más propensos a ser excluidos de la escuela, más propensos a dejar la escuela a los 16 años y menos propensos a obtener calificaciones académicas y profesionales en su adultez.[18]

4. Involucramiento en crímenes

Comparado con los pares provenientes de familias intactas, los adolescentes de familias monoparentales y familias postizas están más propensos a delinquir.[19] Un estudio utilizando datos del Estudio Longitudinal Nacional de la Salud Adolescente exploró la relación entre la estructura familiar y el riesgo de actos de violencia en los barrios. Los resultados revelaron que, si el número de padres en el barrio es bajo, hay un aumento en los actos de violencia adolescente. Los datos estadísticos arrojaron que un 1% de la población en la proporción de familias monoparentales en un barrio está asociado con un 3% de aumento en los niveles de violencia de un adolescente.[20] Los niños en las edades de 10 a 17 viviendo con ambos padres biológicos o padres adoptivos eran significativamente menos propensos a experimentar abuso sexual, maltrato infantil u otros tipos de violencia y tipos de adversidad no victimizante. También eran menos propensos a ser testigos de violencia en sus familias, en comparación con sus pares viviendo en familias monoparentales o familias postizas.[21]

5. Actividad sexual y embarazo adolescente

Los adolescentes en hogares sin padre tienen una probabilidad mucho mayor de estar activos sexualmente que quedos adolescentes que viven con sus padres.[22] Como resultado, los rangos de embarazo adolescente son mayores, también. El ser criada por una madre soltera aumenta el riesgo de embarazo adolescente, casándose con menos que un grado de secundaria y formando un matrimonio donde ambas partes no hayan terminado la secundaria–garantizando, virtualmente, un ciclo que se perpetúa.[23]

Yo he visto este dolor en niñas sin padre de manera cercana y personalmente. Cuando todavía estaba yo en la vida rápida, durante los años noventa, conocí a una mujer con dos niñas. No fui padre de estas niñas. Traté de ser una figura paterna de algún tipo para ellas, aunque yo todavía estaba atrapado en mi adicción a la cocaína. Recientemente, me reuní con estas dos mujeres. Una de ellas tenía 39 años y la otra 29. La mujer mayor tenía tres niños de diferentes padres y la menor tenía cinco hijos de cinco hombres diferentes. La menor me dijo, "Al fin pude encontrar a mi padre y no quiere nada conmigo. Supongo que tú deberías ser mi padre." Aunque me sentí bastante honrado que me dijera eso, todavía me rompe el corazón.

Mi hija, Marvette, tiene amistades en la escuela quienes, lamentablemente, se refieren a sus padres biológicos como "mis donantes de esperma." La falta de paternidad ha estado destruyendo la autoestima de la mujer afro estadounidense, así como del hombre. Ahora se perpetúa solo. Esta maldición, creo yo, solo puede ser revertida un hombre y una familia a la vez. Lamentablemente, la garantía máxima de ausencia paterna (además de la muerte) es la cárcel. Entre muchos hombres afro estadounidenses, el ir a prisión se ha vuelto como la vida rápida; las pandillas han sido glorificadas en los "barrios" y el estar en una es considerado como "popular." El padre en la cárcel, por más raro que pueda parecer, casi se ha vuelto idolatrado y glorificado. Como que no se le ocurre a las personas acerca del desperdicio y la tragedia de ellos hasta que empiezan a ver a tres generaciones encarceladas. Así es, ¡abuelo, hijo y nieto en la cárcel al mismo tiempo!

> *"Para los niños, la mayor manifestación social de la falta de involucramiento paterno es la violencia.*
> *Para las niñas, es la maternidad juvenil y fuera del matrimonio.*
> *Un resultado primario del crecer sin un padre es tener más niños con pistolas.*
> *Otro son más niñas con bebés."*
>
> —David Blankenhorn, *Fatherless America*

Un resultado de la falta de paternidad

La falta de paternidad va más allá de las barreras de raza, cultura y estatus socioeconómico. Tiene efectos tremendos sobre nuestra cultura en general, exponencialmente, al derramarse sobre la vida del niño. Hace una diferencia enorme en el desarrollo de la identidad de él o ella. Lo/La deja susceptible a la influencia negativa de los pares y a toma de malas decisiones–incluyendo las drogas, embarazo fuera del matrimonio y comportamientos criminales.

Los niños que se van por estos caminos de la vida, a menudo, lo hacen en un intento fallido de llenar el vacío dejado en ellos por sus padres ausentes. Buscan amor, consuelo y seguridad, pero lo hacen de manera inapropiada, terminando con más hijos como ellos mismos, concebidos no por amor, sino por una necesidad de amor. Como padres mal preparados, intentan criar a estos niños sin un trabajo ni dinero, muchos de ellos, continuando con sus hábitos de drogas y dejando a sus hijos en un estado de mera necesidad, si no abandonándolos concretamente. Estos niños, probablemente, no van a tener a ambos padres involucrados en sus vidas. Por ende, sin una verdadera y duradera intervención, el ciclo continua y se expande–a menos que alguien hace lo necesario para que se detenga.

Tomemos a Walt, por ejemplo (no es su verdadero nombre, aunque sí es una persona verdadera y un cliente de D.A.D.S.). Walt es un hombre afro estadounidense que fue criado por su madre y sus hermanas. Ocasionalmente, se comunicaba con su padre, especialmente porque jugaba deportes en sus años adolescentes. Pero, en lo que crecía, Walt perdió el interés por los deportes. Su madre trabajaba largas horas y él experimentaba largas horas sin supervisión. Él gravitó hacia las calles, sus pares, y, eventualmente, al comportamiento criminal. Presentaban una atracción que él no tenía en su hogar. Ante sus ojos, él se estaba convirtiendo en "hombre" tomando los riesgos, alejándose de la influencia de su madre, adquiriendo la aceptación de sus amigos y poniendo dinero en su bolsillo.

Walt estaba actuando el drama callejero que ocurre todo el tiempo cuando los hombres son criados por madres solteras. Así es como va: imagínate un niño, quizás unos 13 años, siendo criado por su madre. Ella le pide que le busque un vaso de agua en la cocina y ella se quita los zapatos, después de un largo día en el trabajo. Él, obedientemente, le responde y hace lo que ha hecho su vida entera.

Un día, él sale a jugar baloncesto con sus vecinos. "Oye, vean al niñito de mami. ¿Quieres jugar? Está bien, ven," le dice el niño de mayor edad. Él, a tientas se interna en la calla y empieza a jugar. Al poco tiempo, él sale a recuperar la pelota y recibe un codazo en la barbilla. Empieza a llorar.

"¿Por qué no te vas a casa, hijito de mami, si no puedes jugar con los niños grandes?" Él camina a casa rechazado, con la cabeza baja.

"¿Qué pasó, hijo?" pregunta su madre al entrar por la puerta.

"Nada'," responde el niño.

La próxima vez que su madre le pide que vaya a buscarle algo de la cocina, su respuesta es, "No tengo ganas." Él ha cambiado. Ella está sorprendida y suspira, se levanta para buscarse su propio vaso de agua.

Un rato después, el niño regresa a la cancha de baloncesto y se le permite jugar. Esta vez, cuando él recibe un codazo en la cara, él lanza un codazo de vuelta. "Oye, niño, eres bueno. Puedes jugar con nosotros en cualquier momento," le dice, casualmente, el niño de mayor edad, después del juego.

Tratando de actuar popular, el niño responde suavemente, "Genial, nos vemos después." Se regresa a vasa y es fortalecido en su nueva sensación de masculinidad que es aumentada por el desafío hacia su madre. Él no tiene un padre para sentarlo y decirle, "No le faltes el respeto a tu madre o te las verás conmigo; ¿me entiendes, muchacho?" Por supuesto, su madre puede abogar por ella misma; pero, especialmente cuando se trata de mantener a un muchacho adolescente en regla, ¡llega el momento en el que el tamaño importa! Walt, así como muchos otros que comparten una historia similar, eventualmente, toman las calles y viven un estilo de vida de crimen. A los 25, él fue capturado y enviado a la cárcel, y luego liberado dos años más tarde. Para este momento, su padre había tenido 4 hijos con dos madres diferentes, y ahora estaba llamado por el estado a ser responsable por ellos. Su el fondo de su corazón, él quería hacer estas cosas de la manera correcta y ser un padre responsable y comprometido.

Pero Walt tenía un trabajo de salario bajo y casi todo su dinero estaba siendo tomado por la manutención de sus hijos. ¿Qué podía hacer? De la frustración, él se volcó a lo que sabía—el estilo de vida criminal, vender drogas. De nuevo, fue capturado y enviado a la cárcel, esta vez, por 14 años.

Cuando Walt recibió una puesta temprana en libertad, después de su segundo término en prisión, él vino a D.A.D.S., ahora debiendo una impresionante suma de $133,000 en manutención infantil. Desesperado y sintiéndose desamparado y derrotado, Walt lamentó, "Estoy pagando por una casa en la que nunca voy a vivir."

La perseverancia da resultados

Es difícil de explicarle a aquellos que no han estado en los zapatos de aquellos hombres que entran por las puertas de D.A.D.S. en Seattle, pero permíteme tratar de hacerlo. Digamos que un hombre está saliendo de la cárcel y quiere "hacer lo correcto," para ser un padre responsable para con sus hijos. Él está harto de la prisión. No quiere regresar. Quiere estar involucrado en la vida de sus hijos. Anhela ayudar a proveer para ellos y su futuro mientras que él está en su trabajo y reconstruye su vida.

Estos son deseos nobles, pero hay muchos obstáculos que previenen de que tenga éxito. Primero que todo, si tiene un récord criminal, es muy difícil para él conseguir un trabajo. Si lograse asegurar un trabajo legítimo, donde puede proveer un número de Seguridad Social (Social Security) pronto, todos los miles de dólares que se han estado acumulando en su cuenta por pagar lo golpean como una tonelada de ladrillos. Él, a menudo, es etiquetado como "abusivo" por la madre, o las madres, de sus hijos, las cuáles le pueden denegar el acceso, o limitar fuertemente el acceso a visitas supervisadas. Él es "culpable hasta probado inocente" en el sistema judicial familiar.

El atractivo de regresar a las drogas, el alcohol o la actividad criminal es muy fuerte, al él golpear con estos muros y se devuelve a su antiguo ambiente de amigos y familia.

Pero, en D.A.D.S. hemos encontrado que no tiene por qué terminar ahí. Quiero devolverme a Walt. Cuando Walt llegó a D.A.D.S., poco tiempo después de ser liberado de la cárcel por segunda vez, dos de sus hijos estaban viviendo en portland, cerca de unas 3 horas por tierra de donde Walt vivía en Seattle. Pudimos ayudarle a modificar su pago de manutención, deduciéndolo a $11,000, lo cual podía, razonablemente, ir pagando. Él comenzó a viajar yendo y viniendo de Portland dos veces al mes, recogiendo a sus hijos y luego devolviéndolos, para que pudieran tener la influencia paterna en sus vidas, regularmente. Eventualmente, se casó con una mujer maravillosa, quien, también, apoyó su rol como un padre sin custodia de sus hijos, y comenzaron a construir un matrimonio estable y duradero, así como un ambiente de hogar.

Walt se mantuvo conectado con sus cinco hijos, dándoles ánimo e instrucción mientras atravesaban sus años de preadolescencia y adolescencia. También se mantuvo conectado a la comunidad de D.A.D.S. y, eventualmente, trabajó para D.A.D.S. ayudando a otros hombres a darle un giro a sus vidas. Al escribir esto, cada uno de sus cinco hijos se ha graduado de la universidad, o está asistiendo a la universidad. Ninguno de ellos ha caído en comportamientos criminales, como lo hizo su padre.

La historia de Walt no es inusual en D.A.D.S.; esa es la transformación de una generación sin padres a una paternidad comprometida que vemos vez tras vez. ¿Cuáles son las claves al giro de Walt que cambiaron el destino para sus hijos y probablemente sus nietos? ¿Cuál es el secreto a los demás incontables "Walts" que han cambiado el curso de sus vidas y de sus familias en D.A.D.S.? No es ninguna ciencia secreta. De hecho, es de lo que se tratará todo el capítulo siguiente.

CAPÍTULO OCHO

Revirtiendo la maldición

Una señal cuelga prominentemente en nuestra oficina de D.A.D.S: "Él hará volver el corazón de los padres hacia sus hijos y el corazón de los hijos hacia sus padres. De lo contrario vendré y haré caer una maldición sobre la tierra." (Malaquías 4:6). Este último verso del Antiguo Testamento habla de la "maldición" por la falta de paternidad que estamos viendo en nuestra nación.

Podemos ver cómo se ve el efecto de esta maldición, como también las consecuencias que tiene sobre los hijos, las madres, la unidad familiar y la sociedad entera. Pero, ¿es esa la manera de parar esto? Yo creo que sí, pero no es solo una cuestión de cambiar una política o instituyendo más programas sociales. Yo creo que "revertir la maldición" es cuestión del *corazón* humano siendo cambiado, empezando por el padre hacia el hijo, luego del hijo hacia el padre. Pero antes de que esto suceda, el corazón del padre tiene que cambiar hacia él mismo y hacia Dios. La mayoría de los hombres con quienes trabajamos nunca han sido validados. Hasta que eso suceda, sus corazones permanecen sin cambio.

En D.A.D.S., hemos visto los corazones de los hombres suavizarse y volverse hacia sus hijos. Hemos sido testigos de cómo vencen grandes obstáculos para reconectar con sus hijos e involucrarse, ser padres responsables. Cuando esto sucede, la línea de maldición generacional de orfandad en la familia se revierte para ser que inicie un legado hermoso de paternidad. Hemos visto esto suceder en un sinnúmero de familias, así como también en la mía.

Necesitamos más historias de paternidad exitosas

Un hombre llamado Bill vino a nuestra oficina de D.A.D.S un día. "Oí que me pueden ayudar a quitarme de pagar manutención por mi hijo," me dijo francamente. Supe que tenía la idea errónea de lo que hacíamos, pero lo invité, de todos modos, a nuestro estudio de la Biblia que se reúne todos los jueves en la noche. Él siguió asistiendo, aún después de descubrir que no le íbamos a ayudar a que dejara de pagar por la manutención de su hijo.

Después de que asistiera a D.A.D.S. por un tiempo, Bill llego a casa un día y vio a la tía e hijo- con quien vivía- peleando en frente de la casa. Enfurecido por la manera irrespetuosa que su hijo estaba tratando a su tía, Bill saltó y se unió al pleito. Agitado después del incidente, condujo inmediatamente a mi casa. "Marvin, tengo miedo que alguien pudo haber llamado a la policía. No sé a dónde más ir."

Mi corazón se dolió por Bill. En mis adentros, yo recuerdo haber caminado por ese mismo camino en el que él estaba. Pensé, he sido bendecido por Dios, estar donde estoy ahora en vez de dónde vengo. ¡El cambio es posible! Esto nos conectó profundamente y abrió un nuevo nivel de libertad e impulso para Bill. Él sabía que las cosas tenían que cambiar. Él empezaba a pensar que las cosas podían cambiar, y estaba reconociendo que el cambio debía empezar en su propio corazón y vida.

Mientras seguimos caminando con Bill en D.A.D.S., él aprendió a cómo negociar los pagos de manutención en lugar de evitarlos. Bill era un genio con la tecnología y lo electrónico, él empezó a reconstruir su vida para poder sostenerse él mismo, y su familia, con las habilidades, y no con la venta de drogas. Él empezó a servir en D.A.D.S. en las cámaras y audio cuando viajamos y hacemos presentaciones.

En un viaje, atendimos a una conferencia en la Universidad de Pepperdine en Malibú, California. Mientras estábamos ahí, Bill me sorprendió con información nueva. "Oye Marvin, yo tengo un hijo aquí en el sur de California." En su vida vieja, Bill se casó con una mujer (bajo un supuesto nombre), y la había abandonado a ella y su bebé cuando el bebé tenía únicamente dos años. Bill se preguntaba si ahora era un buen momento para encontrarse y reconectarse con su hijo.

Después de orar al respecto, se determinó que el tiempo era el correcto. Después de algunas llamadas, Bill se contactó con la madre de su hijo– y pudo conocerlo por primera vez en catorce años. Para su sorpresa y gusto, el hijo de dieciséis años de Bill no guardaba animosidad; ¡él solo quería conocer a su papá! Ese era solo el inicio del favor que sería derramado sobre Bill mientras tomaba un paso a la vez para reconstruir su vida y reconectarse con sus hijos.

Por ejemplo, un domingo, cuando el auto de Bill no arrancaba y había planeado ir a la iglesia, se subió a la bicicleta y pedaleó hacia la iglesia. Después del mensaje esa mañana, estaba parado en la entrada de la iglesia cuando vio que un hombre en silla de ruedas estaba visitando y empezó a conversar. "¡Yo te conozco! ¡Yo soy tu tío, y tu papá te ha estado buscando por 30 años!"

Un poco después, Bill estaba en otro viaje a California conmigo, para ayudarme con el sistema de audio y video, pero esta vez él estaba reconectando con su papá en Palm Springs. En esa reunión, él aprendió mucho acerca de su papá biológico. Bill pudo entender la razón detrás de la ausencia de su papá durante todos esos años y fue lleno con una nueva perspectiva y entendimiento que no tenía anteriormente.

Paso a paso, Bill estaba limpiando su vida y ganando campo hacia una vida sana, feliz y productiva. Mientras crecía en una relación con Cristo, él se hizo limpio y sobrio. Él descontinuó una situación de vida inapropiada. Él dio su vida para ayudar a otros. Es más, parte de su recuperación y transformación de vida, Bill sirvió en el programa de D.A.D.S de todas las maneras posibles. No solo ágil con los electrónicos y la tecnología, él también era bueno con las herramientas y empezó un negocio exitoso de mantenimiento. Eventualmente, Bill encontró trabajo en una gran corporación nacional y hoy sostiene una posición clave de TI dentro del centro neurálgico de la tecnología en el campus corporativo.

La historia de Bill sigue en desarrollo, pero continua con señales prometedoras en su familia. Con mi recomendación, él trajo a su hijo e hija de California a Seattle para visitar, que con sus conexiones en el trabajo, logró encontrarles trabajo ahí también. Con sus ingresos, ahora pueden apoyar a su mamá. Esta acción también le he permitido reconciliarse con las madres de sus hijos. El tono de la familia ha cambiado, de hostilidad y distanciamiento, a una relación de paz y conciliación.

Otro gran resultado de estas conexiones es que su hijo ahora está viviendo y trabajando en Palm Springs y tiene una relación cálida y creciente con su abuelo, con el cual Bill también se ha reunido. Cuando Bill ve a su hijos, improvisan música, un talento que su hijo heredó de Bill. Tres generaciones de padres e hijos ahora tienen una relación comprometidos a construir y apoyar a sus familias y ser ciudadanos responsables.

Estas son las historias de revertir la maldición que buscamos.

Raíces de generaciones sin padre

Antes de proponer lo que yo creo que son soluciones tangibles para una crisis sin padres, primero quiero reconocer qué causa el ciclo de la falta de paternidad en primer lugar. *¿Por qué es un ciclo que persiste de generación en generación?*

El estudio indica que el divorcio y el tener hijos fuera del matrimonio son los contribuyentes más grandes para la falta de paternidad. Se estima que 31.5% de los niños en Estados Unidos crecen en hogares con ausencia del padre biológico.[24] Subió desde solo 224,000 en 1960.[25] La tasa de divorcio también ha crecido rápidamente. Hay aproximadamente 689,308 divorcios cada año en Estados Unidos,[26] y se Estima que 41% de todos los matrimonios nuevos terminan en divorcio.

La tasa de divorcio se ha duplicada desde 1960.[27] Las consecuencias devastadoras de la familia en deterioro no pueden ser exageradas. Familias sin padres, no importa cuál sea la etnicidad, generalmente ocupan la parte inferior del esquema económico de los Estados Unidos.

Vemos esta verdad desenvolverse en las tasas de pobreza, en las cuales es 5 veces mayor en familias con un solo padre que en las familias con matrimonios. En el 2009, 37% de familias con un solo padre estaban criando a sus hijos en pobreza, y solo el 6,8% de matrimonios con hijos eran pobres. Familias sin padres son cuatro veces más propensos a criar hijos en pobreza.[28] Los números son asombrosos.

El grupo de expertos de Third Way informó:

"Hay una gran evidencia de que los niños con un solo padre en la casa tienen peores resultados tanto académicos, como los medios económicos que niños con los dos padres de familia. Hay una vasta desigualdad tanto en recursos financieros como en tiempo y atención entre familias con un solo padre que con los dos padres."

El estudio también dice,

"… la mayoría de hogares con un solo padre son encabezados por la madre y no el padre, y los hijos aparentan ser relativamente peor en estas familias, tal vez debido a la ausencia del padre.[29]

Volviendo a la pregunta original: ¡Por qué el ciclo de la falta de un padre persiste? Bueno, por dar una razón, cuando los niños crecen en un hogar monoparental, se convierte en su versión de "normalidad". Como no conocen algo diferente, lo más probable es que perpetúen el ciclo quedando embarazadas o criando un hijo fuera del matrimonio. Además, como las familias con ayuda social pierden entre el 10-20% de sus beneficios apenas contraigan matrimonio, el matrimonio no está de primero en la lista como prioridad para las madres solteras.

Por ejemplo, cuando yo conocí a Jeanett, yo iba y venía entre la casa de ella y la de Carol. Lo "normal" de Carol, era tener un trabajo de 9 a 5, porque había crecido en un hogar estable con los dos padres donde ambos trabajaban. Sin embargo, lo "normal" de Jeanett, era vivir con un solo padre y recibiendo asistencia del estado. Ella había sido culturalmente condicionada a este tipo de vida.

Jeanett empezó a usar drogas a una edad temprana, los 12. Cuando quedó embarazada con Jeffery a los 26 años, estaba recibiendo tratamiento. Ella cargo a Jeffrey estando limpia y sobria, y calificaba para la sección 8 de Vivienda, que se le ofrecía a madres embarazadas fuera de matrimonio. (Programas como Sección 8 de Vivienda son financiados por el gobierno federal mediante subvenciones globales, pero administradas por estados individuales.)

Mejor que tener un área conocida como "los proyectos," como fue común en el pasado, este programa era "ambulante". Jeanett le pagaba a un propietario, por ejemplo, tan poco como $35 al mes de alquiler de apartamento, junto con un vale que el propietario le enviaba al estado para que fuera reembolsado por el total del alquiler. Para Jeanett, y muchos otros de ingreso bajo, madres solteras en los Estados Unidos, el gobierno se convertía en el "padre" (proveedor) de su hogar, así como lo fue cuando ella estaba creciendo.

Hay condiciones que el gobierno le pone a las madres solteras para recibir este privilegio. Jeanett recibía este privilegio siempre que nadie más viviera en la casa con ella. El propietario era el responsable de que esto se cumpliera. Sin embargo, cuando se descubría droga como crac y cocaína, el proceso, a menudo, se complicaba. En algunos casos, el propietario y el teniente usaban droga juntos, hasta que la actividad ilícita era reportada y la policía entraba en escena para detenerlo. En otros casos, los tenientes permitían que sus casas se convirtieran en operaciones para venta de droga, con o sin el conocimiento del propietario. Sobra decir, este sistema se prestaba para la corrupción en muchas maneras.

En resumen, yo me quedaba una o dos días con Jeanett para no perjudicar este beneficio. No obstante el acuerdo financiero que ella tenía con el estado, creaba un desincentivo grande para que un hombre trabajador se comprometiera de manera permanente.

Disparándonos en el pie

Como resultado de esto y otros factores, nosotros como nación tenemos una gran población de comunidades que no tiene padres, y que están siendo desincentivados por los programas gubernamentales y regulaciones, para que haya un cambio en esta situación. Yo firmemente creo esto–poniendo las decisiones personales a un lado–la falta de paternidad en la comunidad de ingresos bajos en los Estados Unidos es grandemente el resultado de la las consecuencias negativas de los sistemas que, originalmente, fueron diseñados para *ayudar* a las familias, y que terminaron teniendo el efecto contrario. Hace muchos años atrás, el gobierno de los Estados Unidos hizo un prototipo del sistema de ayuda social actual para proveer a las madres con hijos cuando sus esposos no regresaban de la guerra. Este intento, que con buena intención por el gobierno federal de asistir a viudas y huérfanos, sembró una semilla que contribuiría a una cosecha amarga de falta de padres en los Estados Unidos por generaciones posteriores.

Por ejemplo, mi abuela materna fue madre soltera de 6 hijos, de 5 padres diferentes. Ella dependió de ayuda gubernamental de vivienda y un pequeño estipendio, complementando sus ingresos limpiando casas. Durante este tiempo, los representantes gubernamentales hacían visitas mensuales para asegurarse de que no hubiera evidencia de algún hombre dentro de la casa, para poder mantener su elegibilidad para recibir la asistencia. Ella tenía que asegurarse que no hubiera muestras de riqueza o lujos en la casa. El televisor lo cubrían con una cobija y lo metían en el closet.

Mi madre tenía solo 14 años de edad cuando yo nací. Como muchos niños del núcleo urbano hoy día, ella fue criada más por sus amigos que por un padre o los padres—sin un papá en el hogar y una mamá que estaba consumada por tratar de proveer para su familia. Tuvo dificultades en la escuela y asistió a una escuela secundaria alternativa para jóvenes que no podían seguir el ritmo académico convencional. Después, me sacaron de la casa de ella cuando tenía seis meses, ella fue atormentada por años preguntándose qué de mí. Estuve atormentado por no saber quién era mi mamá y mi papá. El patrón que mi abuela, mamá y yo seguimos, sigue hoy en día en la Estados Unidos urbana... donde existen 7 de 10 niños que crecen sin un padre en el hogar, muchos, que no saben quién *es* su padre biológico.

Irónicamente, la mayoría de los estudios, sino es que todos que yo he visto, hacen el punto abundantemente claro que la ausencia del padre es una fuerza detrás de los temas que captan la atención y dominan las noticias de hoy: crimen y delincuencia, relaciones sexuales prematuras, fuera del matrimonio y embarazos de adolescentes, que deterioran los logros educativos, la depresión, abuso de sustancias, alienación entre adolescentes y el número creciente de mujeres y niños en pobreza. ¿Estamos de alguna manera creando los mismo problemas que tratamos de resolver? Parece que sí.

Como lo he dicho, hay mucha evidencia de que la falta del padre, el comportamiento criminal y la encarcelación van de la mano; las investigaciones apoyan este hecho. Estudio tras estudio muestra que los niños, especialmente los niños varones que crecen sin una figura de padre en sus hogares, son más susceptibles a caer en un estilo de vida de delincuencia y de ser arrestados e ir a la cárcel en algún momento de sus vidas. ¿Por qué? Porque no tienen una figura masculina en sus vidas, modelando su propio comportamiento, respeto, trabajo, ética y disciplina. Ahora, una vez que un joven cae en el estilo de vida criminal y termina en prisión, es más seguro de que deje a sus hijos solos, haciendo que vivan en un hogar sin papá, así como él lo hizo. Es otro aspecto del ciclo trágico y vicioso que debemos trabajar para detener.

En mi trabajo en D.A.D.S. hoy día, me encuentro con estas situaciones todo el tiempo. Justo el otro día, estaba hablando con un hombre que recién salió de prisión por cargos que iban desde hurto hasta asesinato. Cuando llegó a nuestra oficina, me dijo, "Lo único que he aprendido hacer es a apretar el gatillo." Él tiene hijos con 7 madres diferentes. Cada uno de esas madres, probablemente dirán que tienen hijos de múltiples papás. Estas mujeres han sido condicionadas a no necesitar o depender de los hombres que las embarazó.

Es más, para una mujer con hijos de papas diferentes, hay razones fuertes para no tener cerca a los papas, ya que esto causa fricción en sus vidas, entre ella y los diferentes hombres en su vida. Es más fácil para ella y sus hijos que los hombres no estén involucrados en sus vidas. Entonces sí, los hombres están envueltos en un estilo de vida criminal, toman decisiones tontas y se les dice que sus hijos están mejor sin tenerlos cerca. Al mismo tiempo, estas mujeres solteras son alimentadas por incentivos fuertes y los alejan.

¿Qué Podemos hacer para detener el ciclo?

Mientras examinamos todos los problemas culturales y sociales que contribuyen en la ausencia paterna, es importante pensar en nosotros y qué mentiras y estereotipos tenemos personalmente, lo que hemos creído en cuanto a la pobreza, el crimen, los hogares con ausencia de un padre. ¿Hemos estado ayudando a perpetuar el problema, sin saberlo? Aquí hay tres supuestos comúnmente falsos que se me vienen a la mente:

1. **"Los papas no son tan necesarios como las mamás. Las madres son mejores padres."** Tomemos un momento para notar el impacto negativo de las profecías auto-cumplidas. Cuando un hombre escucha de otros (ya sea de padres, consejeros, empleados, pastores, amigos o extraños de la calle) que no es bueno, eventualmente va a empezar a creer que es cierto. Oh, *¿dicen que no tengo calor? Debe ser cierto.* Es lo mismo cuando se le dice a un papá que no es necesario, o que las mamás hacen mejores padres. Las personas empiezan a que se cumplan estas palabras habladas sobre ellos y se descalifican antes de que tengan una oportunidad. ¿Cómo esperamos que tengan éxito cuando ya están configurados para el fracaso?

Yo puede personalmente atestar al poder y consecuencias de las palabras negativas. Cuando yo era joven, las dos personas de las cuales yo quería recibir afirmación era primero mi papá (el hombre que más adelante me enteré que era mi padre adoptivo), y mi tío Joe. Yo siempre admiré a Joe. Yo tengo recuerdos de él llevándome a cazar, pescar y a salidas familiares, antes de ese fatal día cuando mi mamá adoptiva murió.

Para cuando había cumplido 18 años, Joe había alcanzado suficiente éxito para mudarse a una gran, hermosa casa con vista al Lago de Washington. Un día me dijo, "Marvin, ¿puedo hablar contigo un minuto?" Se veía preocupado.

"¿Qué pasa, tío?" respondí. Puso su mano sobre mi hombro discretamente. "Marvin, no quiero que estés viniendo más aquí. Yo tengo a jóvenes en esta casa y no eres de buena influencia para ellos," me dijo.

Yo no recuerdo lo que le respondí, pero lo que yo oí en mi alma fue, *Marvin, no eres bueno. Mejor que seas tan malo como ya piensan que eres. Siempre serás culpable hasta que se demuestre que eres inocente.* Esta era la verdadera raíz de la locura que yo vivía desde los 18 a los 43, por 25 años de mi vida. Yo sé que no estoy solo con esto, y las estadísticas, así como también los testimonios personales que he escuchado, me respaldan.

2. **"Una vez adicto, siempre adicto-"** Este pensamiento cree que una vez que el padre cae en la agonía de la adicción, él o ella debe perder su oportunidad de vivir con sus hijos. Yo entiendo la cultura de la recuperación, donde una vez que la persona lucha con adicción, él ya es etiquetado un adicto de por vida. Yo concuerdo que hay muchos, incluyéndome a mí, que debido a su pasado no deberán volver a tomar una gota de alcohol. Pero cuando este término "adicto" se convierte en la identidad de una persona, yo creo que ya es mucho. Esa etiqueta se convierte en una carga muy pesada para una persona que está buscando empezar a hacer lo correcto y vivir responsablemente y sobrio.

Un hombre con quien trabajamos, tenía un historial de pasado criminal y había luchador con la adicción, estaba en este tiempo de recuperación. Su papá tenía tres hijos, de 13, 7 y 4 años. Un día, el abuelo llamó a los niños y uno de ellos le mencionó que tenía hambre. El abuelo inmediatamente saltó a conclusiones y llamó a CPS (Servicios de Protección Infantil), para decir, "Empezó de nuevo." Después de eso, los niños fueron recogidos e incorporados al sistema de acogida. Esto no era bueno para los niños ni el papá- tampoco era lo merecido en esta situación. Fue todo basado por rumores y experiencias pasadas.

Lo que se necesita en este tipo de situaciones es un registro documentado que demuestre que el padre está progresando en las áreas para estar poder apoyarse él mismo, está trabajando en mantenerse sobrio, y aprendiendo a ser un padre efectivo. Si una acusación se hace, esta documentación serviría como protección para el padre y para los niños, para que las decisiones sean basadas en la realidad actual, no en pre-suposiciones. Por eso a mí me gusta enseñarle a los hombres con quienes trabajamos a que documenten todo con el sistema de la corte, que se vea el progreso. Necesitan aprender cómo hacerlo, con honestidad e integridad, que el sistema trabaje para ellos, no en contra de ellos.

3. **"Esto es un problema de la comunidad negra"** Quisiera limpiar el aire ahora mismo y decir que la falta de paternidad no es un asunto de raza ni etnicidad. El aumento de hogares con un solo padre se ha presentado repetidamente como un problema único de la comunidad negra. Pero, esto no puede estar más lejos de la realidad. Debemos reconocer que el número

de hogares que tienen un solo padre en Estados Unidos se ha triplicado desde la década de 1960, aunque la mayoría de estas cabezas de hogar son de la comunidad negra o hispanas, también hay muchas mujeres solteras blancas, al igual que un incremento de hogares que son dirigidos por la comunidad negra, padres solteros. Entonces, aunque los datos nos indican que "la mayoría de madres de la comunidad negra están solteras," no podemos obviar las razas minoritarias que tienen matrimonios fuertes y están felices, que tienen un hogar sano, o los papas de la comunidad negra que están asumiendo la carga como padres solteros (un número que ha aumentado con cada año desde el 2011).[30]

¿Qué necesita cambiar?

Para poder trabajar hacia soluciones, yo creo que necesitamos empezar una discusión honesta de los cambios que se necesitan llevar acabo en la cultura de los Estados Unidos. ¿Hay maneras en que nuestra cultura, como un todo, está contribuyendo al problema de la falta de un padre? Yo creo que sí. Uno, gastamos billones de dólares tratando el resultado, abuso de drogas, mientras permitimos una de las causas más significativas, la ausencia de los padres, y el ser relativamente ignorado.

En el 2011, los contribuyentes gastaron $745 billones en programas de ayuda social federal comparado a los $400 billones en 1990.[31] Cada año, el monto invertido en ayuda social para las familias necesitadas, aumenta. Esto no es para decir que necesitamos deshacernos de la ayuda social completamente (Dios sabe que dependimos de ella cuando nos estábamos recuperando, y sin ella

Jeanett y yo no nos hubiéramos levantado de nuevo), pero tal vez ajustes se puedan hacer. ¿Las familias se están haciendo dependientes de la ayuda social? Cómo mencioné anteriormente, las mujeres de las familias pobres han aprendido a lo largo de las generaciones a salir adelante y a criar a sus hijos, mantener un hogar sin la ayuda de un hombre. Es importante reconocer que una madre soltera recibe mucho más ayuda social que una casada. Si decide casarse y tiene al esposo viviendo en casa, sus beneficios pueden ser reducidos desde un 10 a un 20%. Entonces, cuando una pareja se casa y sus ingresos se acercan a los límites prescritos por el sistema de ayuda social, unos cuántos dólares más pueden causar que pierda miles de dólares en beneficios. Lo que todo esto significa es que las dos vías más importantes para salir de la pobreza-el matrimonio y el trabajo- están fuertemente gravadas bajo el sistema actual de Estados Unidos.

El momento "Ajá"

Vamos de lo macro a lo micro. Cada una de estas estadísticas que he mencionado son personas reales- un padre, una madre y los niños. Yo creo que el final del ciclo debe empezar con que las personas tengan ese momento "ajá" en su propia vida o en la vida en general donde él o ella diga, "Yo ya no voy a ser parte de una de esas estadísticas."

Yo tuve ese momento ajá, personalmente, cuando tenía 43 años de edad y me di cuenta que mi vida no era la vida plena que yo quería, entregada a mis hijos. Yo estaba simplemente cansado de seguir haciendo lo que estaba haciendo, y sabía que, a no ser que yo cambiara, Jeanett y yo íbamos a continuar el ciclo vicioso del consumo de drogas.

Cuando mi hija Marvette nació y me convertí en el cuidador principal, mientras Jeanett seguía metida en la adicción, este fue mi momento "ajá". Yo tenía mucho en juego. Sabía que si no cambiaba, mi preciosa hija, con la cual ya me había unido para poder atender a sus necesidades diariamente, se condenaría a una vida sin un papá, como lo había experimentado yo. Por tanto tiempo me había enorgullecido por ser un "adicto funcional," pero, cuando perdí a Marvette yo sabía que si no cambiaba radicalmente, yo la perdería para siempre y ella me perdería a mí. La mentira tenía que parar. Mi vida no era sostenible. Mis mecanismos de afrontamiento consistían en huir del dolor, por medio de la vida rápida y luego de mi adicción a la cocaína. Ya me había alcanzado a mí, y esta falta de paternidad multi generacional, no iba a afectar a mis hijos. Algo dentro de mí clamó "¡suficiente!" Yo sabía que Marvette y mis otros hijos ocupaban a su papá. Ahora, yo iba hacer todo lo que podía hacer para estar ahí por ellos.

Estoy comprometido con otros padres a ayudarles a llegar a lugar de reconocimiento. Debemos romper el ciclo.

CAPÍTULO NUEVE

Trabajando dentro del sistema

No hay peor descripción para los padres solteros que no han estado presentes, que la etiqueta de "papá irresponsable". Es una condena terriblemente injusta para un hombre que está en esta situación sin salida, de ser condenado, haga lo que haga (buscar un trabajo legal y pagar lo que el sistema dice que debe dar por la manutención de los hijos) y ser condenado por lo que haga o no haga (desaparecer del radar, hacer trabajos informales, trabajos pesados o participar de comportamiento criminal).

No es tan sencillo como pareciera para los que no están íntimamente relacionados con este tipo de situaciones reales. Es importante entender que existen factores en el sistema que llevan a un papá lejos de la madre y lejos de sus hijos, aunque en el fondo sí quiere ser responsable y tener una relación verdadera con ellos.

Lo que estos hombres necesitan- los que de verdad quieren involucrarse en la vida de sus hijos- no es una etiqueta, ni condenación, o más penalidades puestas contra ellos. Por eso, cuando yo oigo el término "papá irresponsable," realmente me molesta. Es un estereotipo injusto. La mayoría de los hombres con los que he caminado, a través de los años, son hombres que quieren hacer lo correcto. Son hombres que, muchas veces, no tuvieron un papá presente en su vida, pero no quieren que la maldición generacional continua. Solo necesitan saber cómo y motivarlos a que continúen.

Primero: Enfrentando la Realidad

Un día, un papá llego a D.A.D.S. con su hijo de 13 años. El hijo había estado con su papá de visita y había llegado el momento que el hijo regresara con su mamá. Desafortunadamente, la situación de vivienda en la casa de su mamá no era buena y el hijo no quería regresar; quería quedarse con su papá.

Aunque la primera reacción del papá fue responder inmediatamente y acoger al niño, teníamos que ayudarle a pensar a largo plazo. Él nunca había implementado un plan de paternidad y tampoco estaba en una buena situación personal. Le preguntamos: ¿Dónde vivirías? (No tenía un lugar de vivienda permanente.)

¿Cómo iba a mantener a su hijo? (No tenían un trabajo estable) ¿Cómo podría pagar la manutención atrasada que debía? (Esto de fijo se presentaría cuando aplica para la custodia.)

¿Cómo afectaría su estilo de vida actual o cómo se afectaría con un hijo en su vida a tiempo completo?

Estas son las preguntas que hacemos para ayudar a nuestros clientes a responder si quieren asumir la responsabilidad para criar a sus hijos. Muchas veces la decisión de ser un padre se hace por emoción, en el calor del momento, sin un claro entendimiento de las cosas que se necesitan ordenar o como es el sistema y cómo navegarlo para que sea exitoso. A veces, es necesario un baño de realidad.

Con este papá en particular, primero le ayudamos a tener los documentos judiciales necesarios para empezar el proceso. Él tendría que completar la documentación y presentarla ante el tribunal, notificar a la mamá y fijar una fecha para la audiencia. Le aconsejamos que en la audiencia se consideran muchos factores: si la mudanza sería en el interés supremo del niño, por ejemplo, y cualquier otra dinámica que el juez considere para tomar una decisión acerca del plan de crianza. (Un plan de crianza es un documento judicial que le permite a cada padre solicitar tiempo con su hijo o hijos, y usualmente ocurre cuando uno de los padres impide que el otro vea a un niño durante un tiempo prolongado sin causa alguna. Una vez que el papá que está haciendo la solicitud haya completado la documentación y seguido los procedimientos correctos, el caso va ante un juez y es el juez que decide.)

Este proceso puede llegar a hacer un obstáculo importante para muchos de nuestros clientes. Muchos de estos hombres tienen un historial criminal; viven con mucha desconfianza y vergüenza. Es doloroso tener que enumerar las faltas y fracasos en un papel y que se repitan, que los juzguen de nuevo y arriesgar a que lo rechacen. Muchos de ellos solo hasta ahora se dan cuenta de los disfuncional que ha sido su estilo de vida y lo poco propicio que puede ser para el estilo de vida de un niño.

Cambiando las cosas

Jeanett y yo sabemos, de primera mano, lo que se siente ser etiquetados como "padres incapaces"," Por otro lado, nos lo merecíamos mientras estábamos en la loquera de nuestra adicción al crac. Sin embargo, para personas que están tratando de cambiar sus vidas por la salud de sus hijos, la etiqueta es contraproducente.

Mientras yo empecé a caminar recto, lo cual se define como haberme casado con mis hijos en casa y ganarme una vida honrada, algo parecido a la fresca primavera de Seattle, empezó a sucederme. Por primer vez en toda mi vida, tuve la oportunidad para devolver algo a la comunidad en vez de tomar de ella. Por más extraño que suene, nunca pensé que el estilo de vida que estaba llevando era autodestructivo hasta que vi a los ojos a mis propios hijos. Fue ahí que se me hizo fácil ver lo que otros hombres están en el proceso de hacerle a sus hijos si continúan tomando las decisiones que están tomando.

Empecé a ver, poco a poco, que cuando estaba en las manos del diablo, ascendía como general de su ejército. Yo tenía el talento para convencer a las personas a hacer lo mejor. Todos los días convencía a las personas que apostaran su vida para satisfacer sus propios caprichos y deseos. Milagrosamente, la misericordia de Dios me salvó, me cambió y transformó para usar ese mismo talento y persuadir a las personas para hacer lo correcto. Él me cambió de guiar a las personas, de lo que sería destructivo, a encaminarlos a lo que es constructivo. Todas las cosas que he hecho y las cosas que necesito hacer para empezar el camino saludable, son cosas que Jeanett y yo ahora le enseñamos a otros. Son transferibles.

Por ejemplo, mi tío Larron Patton, humildemente, se acercó a mí con su adicción y me pidió que le ayudara a ir por los mismos pasos que yo tomé, y así alinear su vida. Él fue nuestro primer cliente en D.A.D.S. Su vida hoy es un milagro viviente. Él ahora es un hombre que camina fuerte con Dios, tiene una carrera exitosa, y una relación enriquecida con sus hijos- todo debido a que estaba dispuesto hacer lo que fuera necesario para conectar con sus hijos.

Mi Sobrino Terence, quien sufrió de un disparo en la espalda y ahora está parcialmente paralizado, vino a mí un día y me dijo, "Tío, yo he visto como tú y mi tía han cambiado sus vidas. ¿Me ayudarías a cambiar la mía?" Fue un privilegio compartir mi "fe" con él, no todo el mensaje del evangelio, sino mi fe. Le conté cómo yo confiaba en Dios un paso a la vez y que él podía hacer lo mismo. Era una ventaja que estas personas me conocieran del pasado. Ellos sabían que no había nada especial acerca de mí, pero que era Dios quién estaba haciendo los cambios en mí. Terence, el hijo mayor de mi hermana Marion, era como un hijo para mí. Él viajaba conmigo, yo apostaba y estaba atraído a ganar dinero de la manera fácil. Yo tomo la responsabilidad de algunas decisiones que él tomó porque me estaba imitando. Estoy contento y aliviado de que él también imitó mi arrepentimiento y fe- y está viviendo una vida productiva y responsable en sus años de adulto. Terence ahora es un gerente de proyectos para la Misión Unión Evangélica de Seattle.

Cuando un hombre se está recuperando de una adicción por drogas, o está saliendo de prisión y busca vivir una vida cambiada y productiva que incluye ser una influencia positiva para sus hijos, él ocupa tener esperanza de que lo va a lograr. Lo último que necesita es que alguien le alimente más vergüenza; él ya lo siente. Lo que necesita es esperanza y herramientas prácticas. ¡Jeanett y yo somos ejemplos vivientes de que sí se puede hacer! Y cómo ya lo hemos hecho, podemos encaminar a otros.

Para el padre en la primera historia de este capítulo, esto fue exactamente lo que pasó. Dándose cuenta que él no estaba en el lugar para ser un papá a tiempo completo, él tomó una decisión emocionalmente difícil (pero sabia) de devolverle su hijo a su madre. Sin embargo, él empezó inmediatamente a hacer los arreglos necesarios para traer a su hijo a vivir con él en el futuro. Mientras lo guiamos por el proceso, también lo preparamos en algunas áreas de crecimiento personal:

1. Solicitó e implementó un plan de crianza.
2. Encontró un trabajo estable.
3. Consiguió una vivienda adecuada.
4. Aprendió a comunicarse de manera respetuosa y profesional con el personal legal.
5. Aprendió a llevar una vida honesta.

Eso no es tan fácil como parece ser para algunos lectores. Es abrumador para estos hombres, de repente, buscar un trabajo estable (especialmente si fueron delincuentes condenados), vivienda digna, y una vida limpia, sobra y salva para reparar la destrucción de sus pasados. Para algunos, esto se convierte en un confrontamiento de la verdad y espiritual. Se dan cuenta que no están listos para asumir la responsabilidad de ser un papá a tiempo completo. Pero aunque este sea el caso, los motivamos a que se mantengan en la carrera, que empiecen a poner las piezas de su vida en orden (para eso estamos aquí), y seguir caminando para hacer de su sueño de ser un padre una realidad. Después de todo, a menudo le decimos a estos clientes, "¡Hacer algo le gana a estarse quejando y llorando por lo que no está sucediendo!" Nuestros corazones desean darles esperanza. ¡Si le puedes dar esperanza a alguien, es increíble a lo que esa persona puede aspirar por sí sola!

TRABAJANDO DENTRO DEL SISTEMA

Cambiando el rumbo de la falta de un padre

Las historias que has leído son apenas unas cuantas de las muchas que hemos experimentado en D.A.D.S., y nuestros números hablan por sí solos. Por los últimos 14 años, D.A.D. S. ha asistido a más de 3,000 hombres en cómo volver a ser padres- no solo biológicamente, sino relacionalmente y en la práctica. Estos hombres se han podido relacionar con más de 6,100 niños. Extrapolando los ahorros en costos sociales asociados a más de 3,000 personas, D.A.D.S. le ha salvado al estado de Washington millones de dólares en el curso de 14 años. Hay una historia más grande.

Nuestros números se ilustran mejor con las historias como al de William, que fue criado por su padre desde temprano edad y sobrevivió el vivir en las calles practicando actividad criminal. Cómo resultado, William vivió con 17 alias, múltiples niños, múltiples mujeres, múltiples encarcelaciones y la acumulación de más de $100,000 de manutención sin pagar. Estas condiciones son típicas de los clientes de D.A.D.S. cuando entran por nuestras puertas por primera vez.

Irónicamente, William encontró D.A.D.S. por la creencia errónea de "la palabra en la calle" de que D.A.D.S. le ayudaría a salirse de la obligación de pagar manutención infantil. Nuestro equipo recibió a William con los brazos abiertos, como lo hacemos con todos nuestros clientes nuevos en D.A.D.S. Conforme pasó el tiempo, William se dio cuenta de que en vez de evitar la responsabilidad de la manutención, su experiencia en D.A.D.S. le ayudó a aprender la importancia de vivir en comunidad y asumir responsabilidad, no solo para la manutención, sino también, para su vida entera. Le ayudamos a William hacer un plan de crianza que le permitió hacer pagos regulares de manutención y establecer visitas regulares con sus hijos. En el proceso, William descubrió una esperanza para un futuro nuevo. Además de eso, como muchos otros, el amor que William le tiene a sus hijos se convirtió en una gran motivación para romper con la ciclo generacional de encarcelamiento y comportamiento destructor.

Durante este período, William demostró un talento para arreglar computadoras y aplicaciones de software, y aplicar esas habilidades a una empresa pequeña como un técnico de servicio en computación. Empezó a asistir a clases universitarias y estudió TI. Simultáneamente, William estaba ayudando a otros clientes en D.A.D.S a navegar el mismo proceso que él pasó. También se convirtió en la fuerza impulsora detrás de un grupo de ex clientes de D.A.D.S. que dirigen un exitoso programa de mentoría en una escuela alternativa de la ciudad, para jóvenes que están en riesgo de consumo de drogas, violencia callejera, embarazo adolescente, abandono escolar y encarcelamiento.

William se graduó de la universidad con un título en informática. Después de que se graduó, solicitó un puesto con un ejecutivo corporativo que había conocido en D.A.D.S, ahora, es un profesional de TI, es muy respetado en una de las empresas más reconocidas en Seattle. Está casado, tiene hijos, es dueño de una casa y paga impuestos. En lugar de recibir ayuda social, él ahora apoya a otros. En enero de 2015, William Hughes fue nombrado presidente del Consejo Administrativo de D.A.D.S.

Sin D.A.D.S., William hubiera seguido buscando maneras para evitar pagar manutención, viviendo su vida en la periferia de la sociedad y, ultimadamente, volvería a ser encarcelado, separado de sus hijos y con una conducta de destrucción. Pero, ahora él es un esposo, padre y ciudadano amoroso y responsable, y una fuerza que ayuda a otros hombres, así como él, a superar su pasado, a "navegar por el sistema," re-establecer una relación activa con sus hijos y forjar un futuro más brillante para ellos y sus familias.

Trabajando el Sistema

Para hombres como William, es crucial que aprendan a trabajar hacia la recuperación y restauración dentro del lugar establecido del sistema de manutención. "El sistema" es la interacción de diferentes agencias gubernamentales por el que el papá debe navegar para poder tener acceso a lo que, eventualmente, es la custodia de sus hijo, si ese es el objetivo. En nuestro estado de Washington, existe la DSHS (Departamento de Servicios Sociales y de Salud), TANF (El Programa Federal de Bienestar), CPS (Servicios de Protección Infantil), y por supuesto, la Corte de Familia. Todas estas agencias trabajan juntas. El Servicio de Protección Infantil (CPS) le recomienda al tribunal lo que decide sobre el territorio, basándose en las visitas al hogar y la información recaudada sobre el padre y la situación familiar. (La corte, 9 veces de cada 10 acepta la recomendación del trabajador social). Todo el sistema trabaja en conjunto para un fin único, proteger al niño. Yo estoy totalmente de acuerdo con ese objetivo, sin embargo, a veces, dudo de cómo llegan a ese objetivo.

El sistema funciona con la recaudación de la información. Si un padre no lleva el registro detallado de cada acción positiva que hace para involucrarse de manera responsable con sus hijos, aunque no viva con ellos, entonces va a tener una gran desventaja. No puedo enfatizar esto suficientes veces. El hombre puede, o ir en contra del sistema, o aprender a cómo trabaja con él. Jeanett y yo aprendimos a trabajar con él y eso es el conocimiento que le transmitimos a los papás que ayudamos. Nosotros aprendimos esto por prueba y error. Le damos a los hombres que llevenn la ventaja de lo que ya experimentamos trabajando dentro del sistema.

Cómo funciona

Digamos que un hombre llega a nuestra oficina y se queja que él no ha podido visitar a sus hijos. Para que su voz sea escuchada (legalmente), él necesita presentar un plan de crianza ante la corte. Una cosa que hacemos, caso por caso, es ver a cada papá y determinar de una manera realista qué tipo de plan debe presentar ante el juez para que tenga la mayor probabilidad que sea aceptado. ¿Debe ser un plan de custodia parcial o total? Primero, el juez va a ver al hombre si está pagando la manutención. Si no, mejor que ni vaya a la corte.

Nosotros le ayudamos al papá ver que esto es un proceso de largo plazo, que va a requerir ordenar algunas cosas. A menudo, como le hemos mencionado anteriormente, esto trae un baño duro de la realidad. Cuando logramos que un hombre llegue aquí y empiece a comprender el verdadero desafío al que se está enfrentando, entonces podemos gradualmente ir construyendo esperanza, la misma esperanza que nos sostiene cuando hay contratiempos al reunir a nuestra propia familia.

Muchos papas, cuando ven donde están de verdad, dicen algo como "no estoy listo para ir a corte." Empiezan a dares cuenta que sin trabajo + sin casa = a que no hay niños. Ven su realidad y gastan sus energías para encontrar un trabajo y luego asegurar una vivienda accesible.

Entendiendo la obligación de la manutención infantil

Parte del progreso gradual necesario reside en que el hombre tenga la capacidad para cumplir con las obligaciones de la manutención. Tristemente, la mayoría de estos hombres no saben cómo fue que entraron al sistema de manutención y eso genera mucha frustración. Así suele suceder: la novia queda embarazada y acude a la oficina de Ayuda Temporal para Familias Necesitadas (TANF), recibirá cupones médicos y de alimentación para que se ayude a mantenerse mientras nazca el bebé. También recibe una ayuda económica para el sustento durante el embarazo. Muchas veces, el papá ni siquiera se entera de esto, aunque vivan en la misma casa.

Pero, antes de que ella reciba los cupones y la ayuda económica, la mujer debe identificar al padre. La oficina del Departamento de Servicios Sociales y de Salud (DSHS) remite el nombre del padre a la fiscalía y, luego, le manda una carta confirmando de que sí es el papá. Muchas veces, no hay respuesta porque el hombre no tiene hogar o que no puede revisar el correo. Sin embargo, si no responde, la fiscalía asigna un monto salarial (un derecho otorgado a los estados por el gobierno federal), que se calcula a partir de una tabla estandarizada, y la pensión alimenticia correspondiente.

Por ejemplo, si un hombre tiene el derecho de ganar 5000 dólares por mes, el estado le retiene 1000 dólares mensuales (o la cantidad que corresponda) y lo coloca inmediatamente en la categoría de morosos, y se va acumulando una deuda que se extiende mes tras mes, año tras año, hasta que el hombre decida buscar un trabajo y vivir una vida honesta. Para su sorpresa y horror, el primer pago que recibe le llega casi en nada- porque el gobierno sabe su número de seguro social y embarga el salario de manera inmediata.

Es aquí donde yo creo que los sistemas dividen a las familias. La razón que digo esto es porque ahora, ¿a quién culpará el padre? A la mamá de su hijo. Él va argumentar, "¡Fue ella la que me convirtió en el beneficiario de la manutención!" pero, en realidad, ella no tuvo otra opción. Realmente fue su desconocimiento del Sistema y su falta de respuesta a la correspondencia del administrador, ellos son los verdaderos culpables, pero generalmente no se dan cuenta. Este tipo de situación se repite una y otra vez.

Veamos a William, por ejemplo. Él debía $100,000 porque como la mayoría de estos hombres, él realmente no sabía cómo funcionaba el sistema. No ven la salida. No pueden ni siquiera hacer un plan de crianza si ni siquiera pagan la manutención. Desesperados dicen, "¿Por qué tengo que pagar manutención, si de todos modos, no veo a mi hijo?" Pero la realidad es que si no pagas la manutención, no puedes empezar hacer un plan de crianza.

Realidad Practica y Espiritual Práctica

Nosotros aconsejamos a los hombres a que dejen de culpar y estar resentidos, y que eviten confrontar, que lo que hacen es vengarse de la situación y poner al papá en contra de la mamá en los tribunales, y hagan el esfuerzo de cooperar para hacer lo mejor para el niño. Cuando el juez vea de dónde viene el papá, será más probable que accede a su petición.

Una vez que el papá muestra un récord de cumplimiento, un trabajo estable y que esté comprobando que activamente está superando los problemas que requieren atención, debe recopilar datos que documenten y enseñen que está trabajando activamente en esos problemas. Supongamos que el papá es acusado por su esposa o novia de usar drogas, o De ser abusivo, físicamente. Él va a tener que presentar pruebas tangibles de que él está trabajando en esos problemas. Si es porque consume drogas, él debe enseñar un historial de que está asistiendo a rehabilitación y sometiéndose a exámenes de análisis de orina (UA). Si el problema es abuso, debe mostrar un historial de asistencia a clases o terapia que aborden el tema. Él deberá aprender a entregar su propia documentación con hechos ante su familia y el juez. Cuando recibe una citación judicial y comparece ante el juez, él puede decir: "Si tú haces esto, te permitiré hacer aquello". Es en ese momento que el papá comienza a seguir las instrucciones del tribunal.

Yo uso el término "etiqueta de sala del tribunal" para describirle al hombre cómo es que tiene que comportarse en un entorno judicial y con el personal. Él debe comportarse con dignidad, no hablar fuera de lugar y no ser emocionalmente impulsivo en los procedimientos judiciales. Él debe de tratar a todos los presentes en la sala con honor, y que su documentación sea la que hable por él. Esto muestra respeto hacia el juez y el sistema. Luego, lo motivo a que sea paciente y que vea cómo Dios trabaja!

Aunque los procesos con el que guiamos a los hombres son prácticos y muchas veces técnicos, Jeanett y yo hemos aprendido que "todo es spiritual." La Biblia nos dice que nuestras batallas no son "contra enemigos de carne y hueso, sino contra gobernadores malignos y autoridades" en este mundo (Efesios 6:11-18). Es por eso que le pusimos a nuestra organización "Servicios de Alternativas Divinas para Padres"

Cuando tenía 43 años, estaba enfrentando una situación que no podía vencer con mis propias fuerzas, o con mi propia sabiduría- necesité de Dios. Cristo Jesús empezó a liberarme y me puso en el camino que me alejó del hueco de la desesperación. Ahora yo guío a otros hombres a que repitan su versión de la historia mía. Para mí no es un evento de una sola vez que pasó años atrás; siempre es una historia en desarrollo, es una lucha diaria y un compromiso de seguir caminando con otros que andan por el mismo camino.

Esto también les da permiso para luchar, para que no pretendan que ya lo lograron, porque en D.A.D.S. no fingimos que lo hemos logrado. Así es como yo trato de liderar, con transparencia: Yo estoy en el mismo camino en el que están ellos, y yo entiendo su la batalla, porque yo la vivo todos los días junto con ellos.

Tenemos un grupo que se reúne en mi oficina todos los miércoles por la mañana, y cada jueves en la tarde para hombres que están trabajando durante el día. El grupo de la mañana es particularmente muy diverso, incluye hombres que vienen de "bancas del parque, o de Avenida Park." Cada miércoles, negro, blanco, rico, pobre, viejo, joven, exconvictos, ejecutivos pensionados, adictos en recuperación, ciudadanos ejemplares, se reúnen a los pies de la cruz de Cristo Jesús. Es ahí donde los hombres que están caminando hace una paternidad responsable aprenden de otros hombres y reciben el apoyo que ocupan para perseverar en su camino. Es aquí, más importante, donde ellos descubren que no están solos. Mientras leemos y compartimos juntos el Evangelio, aprenden que Jesús está con ellos y que les ha dado hermanos que quieren levantarse con ellos en amistad y oración.

Yo le enfatizo a estos hombres, con quienes trabajamos, la importancia de tener una relación personal con Jesús. En la cultura afro estadounidense, es común que los hombres asistan a la iglesia, pero no en tener una relación personal con Dios. Cuando se relacionan con otros hombres del círculo de lectura de la Biblia y comparten cosas de su vida juntos, se dan cuenta que los seguidores de Jesús no son solo un poco de "fanáticos de la Biblia." Este paradigma cambia y transforma radicalmente, no solo a los hombres, sino a su familia entera.

La Historia de Shep

Shep conoció de D.A.D.S. de una forma inesperada: le dispararon en frente de la puerta durante una disputa doméstica, un incidente que lo llevo a prisión por seis meses con cargos de delito grave. Fue años después que diferentes circunstancias lo trajeron de nuevo a nuestra puerta.

Cuando Shep llego a D.A.D.S., él se presentó y le dijo a Jeanett que estaba en la recepción ese día, que él quería visitación con sus hijos, con los cuales tenía dos años de no ver. Él había estado revisando su plan de crianza en línea y no estaba seguro cómo abordarlo. En sus propias palabras, "Para alguien que ha tratado de evitar el sistema legal toda su vida, el papeleo del gobierno es muy intimidante."

Shep se convirtió en papá por primera vez cuando aún estaba en secundaria, él tenía 18 años de edad cuando nació su hijo, luego, le siguieron dos hijas en los siguientes años. Aunque tenía presencia en la vida de sus hijos, no era un papá activo. Primero, no sabía realmente cómo hacerlo.

"Mi papá se ocupaba de sus asuntos en la habitación de al lado, ¿sabes?" Shep explicaba con sencillez. "No recibí muchas herramientas de mis padres de cómo criar niños, cómo comunicarse con ellos, solucionar cosas, o defenderme adecuadamente. Principalmente, mi papá me enseñó a alejarme de la ley. No me daba cuenta en ese entonces que la ley estaba para *mí*, también."

Shep tenía solo diez años cuando las pandillas de California migraron al norte a Seattle, donde él vivía. "No estábamos a salvo en nuestro propio barrio, almorzando o caminando hacia la escuela. Entonces nos uníamos a las pandillas para protegernos." Así fue la vida por muchos años. Shep se mantuvo distanciado de las drogas fuertes porque vio lo que le hacían a los demás. El alcohol era su droga de preferencia; le adormecía el dolor de haber perdido a sus papas y de estar alejado de sus hijos. " No sabía qué hacer con mis emociones", nos decía Shep en retrospectiva.

En D.A.D.S., Shep fue invitado a unirse al grupo de hombres del jueves en la noche mientras aprendía a navegar el sistema y completaba los documentos. Aunque la espiritualidad no era algo que le había interesado, Shep llegaba. Él, abiertamente, le dijo al grupo por lo que había estado pasando- depresión, alcoholismo, y tratando de concentrarse para mantener su trabajo, y recuperar a sus hijos.

Le dijimos a Shep lo que le decimos a otros clientes en su situación: ¡Eso no va a funcionar! Shep ocupaba la cruda realidad que mencioné anteriormente. Si hubiera seguido actuando como siempre, nada habría cambiado. Pero si está dispuesto a cambiar su forma de pensar, incluso su comportamiento y cómo se presenta, y su forma de criar a sus hijos, si estaba dispuesto a aprender y escuchar- podría funcionar. Había pasos que debía seguir. Entonces Shep dejó de tomar, y por primera vez en mucho tiempo, su mente se aclaró.

La primera recomendación que le hizo Jeanett a Shep, con respecto a su plan de crianza, fue que invitara a su exesposa a completar los documentos con él. "¿Estás bromeando?" Preguntó Shep incrédulamente. "Ella ni siquiera responde mis llamadas." Jeanett le insistió que lo intentara. Para sorpresa de Shep, la mamá de sus hijos accedió. Se encontraron en D.A.D.S., se sentaron a la mesa, y construyeron un plan de crianza. Al final, ella no cumplió con su parte del acuerdo, pero los esfuerzos de Shep fueron suficientes. "Llevé la clase, seguí todos los pasos, hice todo lo que me pidieron. ¡Dijeron que podía tener más tiempo de visitación que la que pedí!" Luego, Shep se unió a AA. Él unió a su familia, empezó a ordenar su vida, también. "Una vez que dejé de tomar y cosas positivas empezaron a pasar en mi vida, algo me golpeó. Fue Dios. Mi vida espiritual empezó a explotar. Después, hasta me bauticé. ¡Las cosas empezaron a salir bien!"

Shep admite que el encuentro con sus hijas no fue fácil. "Cuando tuve a las niñas, fue difícil al principio porque éramos un poco distantes. Estaba confundido de cómo atender las necesidades de unas jóvenes. Mi carácter fuerte y tosco lo hacía difícil para que hablaran conmigo; tuve que aprender a escuchar. Fue un inicio lento, pero sigue mejorando. Y ahora me llaman sin razón alguna, hasta tuvimos unas vacaciones familiares este verano."

Shep habló en nuestro banquete anual de D.A.D.S. la primavera pasada, que se celebró en Seattle. El público quedó cautivado por su poderoso testimonio de restauración, pero no había alguien más orgulloso que sus hijas, se sentaron en la audiencia y animaron a su papá.

Esperanza- Aunque se sienta que no las hay

La historia de Shep es solo una de las cientos de historias que Jeanett y yo escuchamos a menudo. Podemos identificarnos, al igual que regocijarnos, porque tenemos la perspectiva única de haber tenido que aprender a desenvolvernos en el sistema por nosotros mismos y lograr que funcionara a nuestro favor, no en nuestra contra. Como lo dije antes, lo aprendimos a base de prueba y error, porque no hay otra manera. Claro, el sistema tiene muchos fallos, lo que lo hacía y lo sigue haciendo- muy difícil de manejar. (¡Quizás ese sea el tema para otro libro!)

Cuando estábamos intentando reunir a nuestra familia y ponernos de pie, Jeanett y yo estábamos en una situación de tener que pagar, más en daños por manutención atrasada, de lo que podíamos pagar en ese momento.

Cuando por fin aseguramos trabajo, después de rehabilitarnos y sentir que estábamos progresando, el sistema nos persiguió y nos retenía la mitad de nuestro salario. Fue un golpe devastador, sobre todo, porque ya estábamos haciendo grandes esfuerzos para enderezar el rumbo de nuestras vidas y generar los ingresos necesarios para establecernos. Nos sentimos totalmente impotentes.

Afortunadamente, tuvimos trabajadores sociales justos que trabajaron con nosotros para completar los trámites en vez de decirnos que no había nada que podían hacer por nosotros (que pasa a menudo). Nos enviaban documentos para completar y entregar, y

TRABAJANDO DENTRO DEL SISTEMA

compartían que podía posiblemente suceder si hacíamos bien las cosas. Esa era la esperanza que ocupábamos para seguir adelante.

Jeanett jamás olvidará la última audiencia ante la junta de conciliación donde revisaron todo su historial, reevaluaron los ingresos y volvieron a calcular la deuda. Después de la audiencia, decidieron cancelar toda la deuda. Jeanett les puede contar hoy con una sonrisa "¡Mi deuda fue totalmente cancelada; no debía ya ni un centavo más! Tenía todos mis hijos en casa y estaba limpia y sobria. Pude seguir reconstruyendo mi vida".

Nuestra historia motiva a hombres y mujeres a saber que, a veces, no es lo que hacemos, sino lo que no hacemos que nos impide avanzar. Este es el lema con que trabajamos: DAR ESPERANZA. Siempre queremos comunicar la esperanza de posible cambio para contrarrestar el sentimiento de desesperanza, ese sentimiento de desesperanza, de desesperación que "no hay nada que se puede hacer." Los clientes de D.A.D.S.- ambos, padres y madres- encuentran esperanza con solo tener a alguien que les diga, "Lo vamos a trabajar juntos." Una vez que empoderamos con un poco de información, empiezan a tener sed y hambre por más.

CAPÍTULO DIEZ

Esperanza y apoyo para el viaje

Mac era un padre de 26 años, con dos hijos por debajo de los cinco años, que vino a nosotros después de servir un tiempo en la cárcel por una felonía, y trabajando en labores informales después de salir de la prisión. Cuando Mac solicitó ayuda en contactarse con sus hijos, yo lo desafié a dar unos pasos bastante serios. Le ayudé a conseguir un carro y le proveí un lugar para vivir hasta que consiguiera un trabajo y estuviera sobre sus pies, lo cual logró hacer. Lo motivamos a que comenzara a enviarle dinero a la madre de sus hijos. Esta era su oportunidad para crear su propio ambiente, tomar responsabilidad y ser empoderado para hacer cambios. A menos que hiciera esto, le aconsejamos, nunca podría estar involucrado en la vida de sus hijos.

La realidad es–para Mac y para cualquier otro hombre en esta situación–que la madre de su hijo(s) está en contacto con la División de Manutención–Division of Child Support (DCS). Si el padre del hijo de ella ha estado actuando irresponsablemente, esa información va a quedar documentada, una deuda estará siendo contraída. A menos que él demuestra una buena voluntad y esfuerzo a cooperar, él no tendrá mucha posibilidad de tener una oportunidad por parte de la Corte Familiar.

Yo le dije a Mac, así como le digo a todos los hombres que vienen con nosotros, "Date dos años para crear algo, para crear historia laboral, para ingresar en un programa en el que tus hijos puedan gozar de tu seguro médico, de ser posible. Este es el fundamento que necesitas, algo sobre lo que puedes construir." También le dije, "Tienes que ponerte a un lado y soltar el "tú," y comenzar a pensar en "ellos.""Yo me veo diciéndome mucho esto.

Muy a menudo, el hombre no logra asimilar naturalmente lo que le va a costar para estar involucrado en la vida de sus hijos, de manera positiva. La mayoría de los hombres, en realidad, nunca han considerado (ni siquiera visto esto modelado) lo que significa estar en una relación cuidadora, recíproca, donde se dan sacrificialmente por el bienestar de otra persona. Eso no quiere decir que no lo quieran aprender. Pero, la mayoría han vivido todas sus vidas en circunstancias que han creado un panorama de la vida y una mentalidad que perpetúa comportamientos egoístas. Muchos, si no la mayoría, de lo que se sentía como una necesidad, han crecido con una actitud de supervivencia e interés propio, y esto se permea hacia la mayoría de las relaciones personales. Requiere tiempo, inversión relacional, entrenamiento y un modelaje de vida a vida–"caminando al lado de"–para ayudarles a aprender estas lecciones de vida. ¡Pero sí puede, y va a pasar!

Construyendo relaciones saludables

Karl entró a nuestra oficina y le explicó a Jeanett que él estaba teniendo dificultades con "su mujer." Sin embargo, debido al concepto inmaduro y auto centrista acerca de sus relaciones, yo creo que él ni siquiera podía escuchar lo que Jeanett le estaba diciendo. Empecé a tratar de darle algunos consejos acerca de su situación.

Resultó ser que, al poco tiempo después de que su novia tuviera su bebé, surgió un conflicto de perspectiva acerca de lo que significa el tener a un niño. Ni siquiera estaba en su radar que algo cambiaría en la relación de ellos, después de que ella diera a luz un bebé. Por supuesto, en la mente de Karl, todo trataba acerca de cómo ella se relacionaba (o no) con *él*.

Lo que Karl no estaba reconociendo es que hay cambios significativos en el cuerpo, mente y emociones de una mujer, después de tener un bebé, que nosotros como hombres, nunca vamos a entender. Ella cargó al bebé por nueve meses y ha estado de lleno entregada al bebé, y con justa razón. Pero, al ella atravesar los cambios hormonales y emocionales después del nacimiento del bebé, la energía que ella solía tener ya no estaba ahí. Se podría mostrar irritable y emocional. Esto es natural. Pero muchos de los hombres que vemos en D.A.D.S. no reconocen esto. Muy a menudo, el novio de la mujer la rechaza. Él, posiblemente, puede acudir a otros mecanismos de confort, los cuáles él ya ha usado en el pasado cuando se ha sentido solo o rechazado. Podría divagar hacia una relación con otra mujer. Esto, por supuesto, hace que la mamá de su hijo se cierre. Lo vuelve muy poco probable que ella quiera al padre involucrado en la vida de su hijo–y el que más pierde es el hijo.

Cuando Karl entró a nuestra oficina, él estaba bajo la impresión de distintos grupos de derechos para padres de que, lo único que él necesitaba hacer era conseguir a un abogado quien pudiera convencer a un juez de que era su derecho pasar la mitad del tiempo con su hijo. Lo que él no entendía es cómo opera el aparato legal. Ningún juez va a separar a una madre de su hijo mientras esté amamantando. Su mejor oportunidad para tener un tiempo extendido con su hijo era cuando su hijo estuviera por ají entre los tres y cinco años.

Lo mejor que Karl podía hacer era renegociar la relación entre él y la madre para que no fuera confrontativa, y luego tomar ventaja de cada oportunidad en esos primeros tres años para formar un vínculo con su hijo.

Lo que Karl, y hombres como él, deben entender—y con lo que necesitan ayuda—es que, si no se hace un esfuerzo consciente de ser padre, intencionalmente, las probabilidades son de que para el momento en el que tenga legalmente una oportunidad, él va a ser alienado de su hijo. Por ende, lo que yo le digo a un hombre, además de que busque tener un vínculo con su hijo, es que él debe crear un ambiente saludable con un trabajo y una casa a la que pueda invitar a su hijo o hija, en el momento correcto. Él necesita proveer recursos documentados de apoyo para su hijo.

"Oye, Marvin, ¿me podrías hacer un favor?" Me preguntó Karl un día. "¿La podrías llamar por mí? No me está respondiendo ninguno de mis mensajes."

Le respondí, "Sí, pero quiero que tú hagas algo primero. Dile que has estado analizando lo que estás haciendo y lo que estás haciendo mal. Debes decirle que estás arrepentido." Cuando él hizo eso, yo le dije que intentaría hacer la llamada y que le avisaría. Él acató, yo llamé y ella respondió. Karl necesitaba de guianza a través de los pasos relacionales requeridos, no solo de los pasos legales. Esto es lo que significa caminar al lado de alguien.

Se necesita de una aldea

El verdadero ministerio de D.A.D.S. no es lo que hacemos en nuestros servicios para hombres, sino en las maneras en las que Dios transforma a las personas. Vivimos en una cultura de plena información; las meras palabras han perdido su impacto. Lo que realmente impacta los corazones es cuando la fe y la esperanza adquieren manos y pies.

Bob es un hombre entrando en sus cuarentas, que fue a la cárcel por 16 años, entrando al sistema correccional hace casi 20 años por vender drogas. Él tenía dos hijos en otro estado. Después de haber servido 128 meses, su sentencia fue reducida a 90 meses, por lo que fue puesto inmediatamente puesto en libertad. Ahora él quiere vivir una vida normal y reconectar con sus hijos.

Permití que la situación de Bob fuera conocida entre nuestros donantes y aquellos que son dueños de, o están en posiciones de liderazgo en compañías. Estas son personas que creen en lo que D.A.D.S. está haciendo, y entienden que hombres como Bob necesitan una red de apoyo a su alrededor, hombres que caminen a su lado, así como alguien que le pueda ofrecer una oportunidad de trabajo. Estas personas entienden, no solo la profundidad de las batallas que enfrentan los hombres, sino que también el poder sanador de Dios obrando a través de personas ordinarias. Confían en la combinación de los pasos prácticos con los que ayudamos a los hombres a tomar por medio de la red, así como el poder y el apoyo que proviene de nuestro estudio bíblico semanal.

En lo que encaminamos a alguien como Bob a través de su papeleo, o le damos a alguien como Karl nuestro consejo con respecto a la madre de su hijo, los invitamos a que caminen con otros hombres que están atravesando el mismo proceso, o que lo han atravesado y ya están del otro lado. El poder de D.A.D.S. es que estos hombres ven la transformación en la vida de otros hombres, a menudo en sus actitudes y luego, en sus situaciones. No se les está diciendo que cambien, sino que están observando a otros hombres cambiar y aprender a cómo atravesar el mismo camino. Las historias de éxito engendran más historias de éxito.

No es solo lo que ven hombres como Bob cuando van a los grupos, sino lo que son capaces de procesar y expresar ellos mismos en su propia travesía—de que no están solos. Eso los mantiene motivados a perseverar por un camino saludable. Ellos ven cómo se vive un caminar de fe y una paternidad intencional, aunque imperfecta, por hombres como ellos mismos.

Aprendiendo a ser un padre

Más que cualquier otra cosa, es desarrollar relaciones positivas con sus hijos lo que motiva y anima a un hombre a llevar una vida más constructiva. Sin embargo, la mayoría de los hombres que vemos no tienen la menor idea de cómo SER un padre.

Si hay algo común, es que la mayoría de ellos han tenido muy poco contacto, o al menos contacto irregular, con sus hijos, hasta este punto. Según un reporte del Pew Research Center, cerca de la mitad de los padres que no viven con sus hijos solo ven a sus hijos unas pocas veces al año, o, del todo no tienen visitas. Sumado a esto, casi una tercera parte de esos padres conversan con sus hijos por teléfono o vía correo electrónico menos de una vez al mes.[32] Si acaso, uno de cada cinco padres que viven aparte de sus hijos dicen que los visitan más de una vez por semana, y un 29% adicional ve a sus hijos al menos una vez almes. Para el 21% de estos padres, las visitas se llevan a cabo varias veces al año. Para el 27%, del todo no hay visitas.

Cuando se trata de pasar tiempo con un hijo y aprender a ser padre, el estar en el mismo hogar con el hijo hace una gran diferencia. Según el mismo reporte de Pew Research, más de nueve cada diez padres que viven con sus hijos, al menos parte del tiempo, reportan que comparten una comida con sus hijos o hablan con ellos acerca de su día, de manera diaria. Cerca de dos terceras partes (63%) dicen que le ayudan a su hijo con las tareas o les revisan las tareas al menos varias veces por semana, y un 54% dicen que llevar o traen a sus hijos a las actividades varias veces por semana o más.

En comparación, relativamente pocos padres que viven aparte de sus hijos reportan tomar parte en estas actividades. Imagínate cuando los padres obtengan la custodia, o empiecen a participar regularmente de las actividades paternas, lo mal equipados que se pueden sentir. Esta es otra área donde una comunidad de apoyo puede proveer asistencia y recursos.

Lo que los padres que batallan deben saber

Existen muchos buenos recursos que están disponibles para enseñar a los hombres a ser buenos padres. Pero, los hombres que vemos se encuentran en una situación diferente a la de una persona normal, de la población en general, que simplemente quiera mejorar sus destrezas paternas y que ya tienen al menos un entendimiento fundamental de lo que significa ser un padre. La mayoría de los hombres que atendemos–que han pasado por el sistema carcelario, quienes han pasado sus vidas en un entorno de familia disfuncional, en las calles o quienes nunca tuvieron, ellos mismos, un padre involucrado (muchos de nuestros padres en D.A.D.S. se identifican con todas estas categorías al mismo tiempo)— No tienen idea de lo que puede ser el ser un buen padre.

Los problemas son gigantes. Las probabilidades están en contra. La travesía por delante es larga. Pero vale bien el esfuerzo y la inversión–para un solo niño y, potencialmente, para una nación entera.

CAPÍTULO ONCE

Ser el padre que un niño necesita

Cuando Jeanett y yo nos casamos, el hogar que formamos era una familia mixta. Los niños que teníamos con nosotros todo el tiempo incluían a Marvin Jr. (10) nuestra hija, Lyric (5), el hijo de Jeanett, Jeffery (7), Devotion (4) y Marvette (2), quienes eran nuestras. Por la mera apariencia, las cosas se veían bastante bien; pero, en realidad, había mucha tensión.

Jeanett y yo siempre parecíamos estar haciendo esta danza incómoda. Marvin Jr. era "hijo mío" y Jeffery era "hijo de ella" y comenzó a surgir un resentimiento entre cada uno acerca de cómo criábamos a nuestros hijos. Por mi parte, yo estaba acudiendo a un método de crianza que había aprendido de mi tío E.J. Marvin Jr. Tenía exactamente la misma edad que cuando yo había entrado a la casa de mi tío, y ahora me encontraba yo tratando de criarlo de la misma manera en la que el tío E.J. me crio a mí, aunque no tan al extremo. La sombra del tío E.J. de un "padre falso" me atormentaba. Yo estaba promoviendo la paternidad a través de D.A.D.S, siendo ahora reconocido y dando una buena apariencia por fuera.

Pero, por dentro, en mi propia casa, yo estaba acudiendo al modelo de crianza que había experimentado.

Yo sabía que había tomado de este lado oscuro mío cuando estaba en "la vida." Yo sabía que había aprendido bien a controlar a los demás con mi boca, a través de amenazas e intimidación. En lo que comenzaba a enfrentar los desafíos en mi propio hogar, me da pena decir que acudí a las maneras del tío E.J., especialmente para con mi hijo. Me estaba convirtiendo en un defensor respetado de la paternidad en mi comunidad, y anhelaba tanto ser un ejemplo para que otros padres pudieran seguir, pero lo estaba echando a perder en mi propia familia.

Tomé cursos de entrenamiento sobre paternidad, pero había una gran diferencia entre lo que yo tenía en mi cabeza de lo que debía de hacer, y lo que estaba pasando en mi corazón en el calor de la batalla. Parecía que cuando estaba la presión, acudía a lo único que conocía, aun si yo reconocía, muy en el fondo, que era la misma forma destructiva de paternidad de la que había huido cuando tenía 16 años. Traté de gobernar a mis hijos con intimidación. Si se equivocaban, yo me devolvía a los dichos abusivos que había aprendido en la calle.

En lo que Marvin Jr. progresaba en la escuela secundaria, yo me obsesioné con la manera en la que no estaba dando la talla. Abusé verbalmente de él y comencé a llevarlo a lo físico. Lo único en lo que yo podía pensar era en cómo yo iba a poder sacar esto de él. Lo quería proteger del estilo de vida del que habíamos salido Jeanett y yo. Mis motivos eran los correctos, pero mis métodos estaban equivocados.

Un día, después de golpear a Marvin con el cinto, Jeanett se acercó a mí y me dijo, "¿Por qué estás golpeando tan duro a tu hijo?" Ambos creíamos que había un lugar para el castigo físico, pero ella sabía que yo me había pasado de la raya. Un día, él se fue a la escuela después de una golpiza y la maestra vio moretones en su brazo. Una de las maestras llamó a los Servicios de Protección de Menores (CPS). Cuando Jeanett escuchó esto, ella comenzó a gritar, "¡No, no se van a llevar a nuestros hijos de nuevo!" Estaba inconsolable, sosteniendo a Marvette y a Devotion como si fueran bebés. Entré a la habitación de Marvin y de Jeffrey y vi a Marvin con una soga alrededor de su cuello. Fue ahí cuando, al fin, me di cuenta de que había hecho algo terriblemente mal y que no podía seguir haciendo esto. Tenía que cambiar la manera en la que criaba a Marvin. Puse mis brazos alrededor de él y lloré. Le dije que lo amaba y que yo quería que él se convirtiera en una mejor persona, pero que me había ido en la dirección equivocada. Le expliqué cómo operaba CPS. "Hijo, CPS te va a sacar de esta casa si ellos piensan que tú estás en peligro. ¿Te das cuenta de eso?" No se había dado cuenta. Yo sabía que no le habían contado ese detalle. Un par de días después, recibimos una carta de CPS notificándonos de que ellos mantendrían nuestro caso abierto durante los próximos seis años. Este fue un punto bajo para mí. Pero, reforcé dentro de mí la idealización de que es una batalla el cambiar una maldición generacional de falta de paternidad, el revertir la maldición de un padre falso—un padre abusivo—y aprender a ser un verdadero padre, un padre cuidador. Es una batalla que debemos vencer. Como cualquiera batalla real en contra de un enemigo atrincherado, no hay victorias fáciles.

Un mejor camino

Un buen amigo mío dice, "Jesús se mantiene cerca de los finales de las cuerdas," y fue ahí donde me encontré a "Jesús" con piel, en un Art Kopicky. Art se me había acercado queriendo "caminar conmigo," y en aquel momento yo no entendía lo que quería decir. Ahora, en lo que yo estaba atravesando profundas batallas en mi propia paternidad, comencé a confiarle algunos de los desafíos que estaba enfrentando.

Él no estaba encima mío como un jefe, ni debajo de mí como un empleado; era un amigo, solo caminando a mi lado. Eso era justo lo que necesitaba.

Le conté a Art acerca de mis dificultades siendo un padre para Marvin Jr., y de los desafíos que Jeanett y yo estábamos experimentando al tratar de criar una familia mixta. Él me escuchaba y oraba por mí. Sentía un gran alivio porque no estaba solo. Le preguntaba qué hacía él en ciertas situaciones en su familia. Observé su ejemplo como padre, y lentamente, comencé a aprender un mejor camino, un camino que no se trataba de controlar a mis hijos como el tío E.J. me había controlado a mí, sino de guiarlos y de escucharlos y de ganarme sus corazones.

Un día, después de haber pasado tiempo juntos en mi sala, Art puso sus manos sobre mis hombros y me miró a los ojos y me dijo, "Marvin, tú eres mi hijo amado en quien tengo complacencia," repitiendo la bendición que Dios el Padre había hablado sobre su Hijo, Jesús, después de su bautismo en el río Jordán.[33] Nunca había sido validado de esa manera como un hijo del Padre celestial. Algo se quebró adentro de mí. Apena pude, hice lo mismo con mis hijos, Marvin Jr. y Jeffery, ambos adolescentes, para este entonces. Art fue un vaso que me habló la bendición del Padre, y yo pude sentir esa fría y oscura maldición del tío E.J. comenzar a derretirse con la luz radiante y abrazadora que vino con esta bendición.

También, confié en Art acerca de mi relación con Jeanett t mis luchas para ser el esposo que realmente quería ser, pero que no lo estaba pudiendo ser aun con mis mejores esfuerzos. Él me abrió los ojos con respecto a la importancia de la paciencia–con mi esposa, con mis hijos y con el ministerio D.A.D.S.. También, me ayudó a escuchar la sabiduría sobre la crianza que venía de Jeanett. Ella había sido criada por un padre soltero, un hombre bueno y fiel llamado Tommy Jones.

"Marvin, tus hijos son personas, también, y con pequeñas mentes propias," me decía Jeanett. Esto era algo difícil para yo entender, ya que yo los veía como mi tío había modelado, como seres que tenían que ser formados y controlados para conformarse a mis reglas. Lo único que yo podía comer, beber y pensar era, "no quiero que estos niños vayan por el camino del que Jeanett y yo nos salimos. Los tengo que proteger de todo eso; tengo que trazar la línea en la arena y asegurarme de que no la crucen."

Con la ayuda de Art y de Jeanett, fue ahí cuando me di cuenta que tenía que cambiar mis métodos y comencé a pensar, *¿Cómo les puedo hacer llegar el mensaje mentalmente, en lugar de hacérselo llegar físicamente?* Este gran entendimiento comenzó a beneficiarme, no solo a mí solo en mi hogar y mi familia, sino también en mi ministerio los domingos como superintendente de la escuela dominical en mi iglesia. La escuela dominical comenzó a crecer y se empezó a llenar. Jeanett trabajaba conmigo como la secretaria de la escuela dominical. Mis hijos comenzaron a estar más involucrados en la iglesia, con las niñas en el coro Ángel. Cantábamos alabanzas juntos en el carro. Algunas noches, apagábamos el televisor y cantábamos canciones juntos. Comenzamos a experimentar una "primavera" que venía tras el invierno que recién habíamos experimentado. En esta temporada de mi paternidad, hacíamos todas nuestras actividades familiares juntos. Vi a mis amigos, como Art y Jamie, hacer todas las actividades familiares juntos y yo creía que nosotros podíamos hacer esto, también, como familia. Y lo hicimos.

Adoptando un modelo saludable de crianza

Jeanett y yo, junto a nuestros hijos, comenzamos a asistir, de inmediato, al Atlantic Street Center en Seattle, un lugar orientado a la familia, donde los niños podían reunirse mientras sus padres iban a los diferentes grupos para obtener lo que necesitaban.

Nos inscribimos en clases de crianza y grupos de apoyo. Aprendimos mucho ahí. También nos dio muchas oportunidades para compartir nuestra propia historia de esperanza.

Para aquellas personas que tuvieron un buen modelo de crianza al crecer, hay una mayor probabilidad de que vayan a tener un estilo de paternidad más saludable. Pero, si los modelos de una persona eran pobres, entonces van a tener que hacer un esfuerzo más concentrado para aprender a criar amorosa y efectivamente. Por supuesto, eso es una generalización, sin embargo, es cierto, la mayoría de las veces.

Una razón de esto es por un término científico, "homeostasis", el cual significa, básicamente, *automáticamente tendemos a revertir de vuelta a un patrón consistente de comportamiento*. Este patrón de comportamiento es, generalmente, el que nos fue modelado durante nuestra crianza. No obstante, lo que es importante recordar es que no estamos condenados a repetir nuestro pasado. ¡Lo podemos cambiar! Criar de una manera diferente a como lo hicieron tus padres es difícil. Requiere de una cantidad inmensa de esfuerzo y poder de voluntad para romper el molde y, consistentemente, hacer las cosas de una manera distinta. *Tienes que superar tu pasado.* Tienes que ganar momentum para saltar encima de tu barrera de los estilos pobres de crianza que viste modelados en tu niñez.

¿Cómo puedes superar tu pasado y convertirte en un modelo saludable para tus propios hijos? Estas son unas maneras para comenzar:

1. **Identifica aspectos positivos de la paternidad de tus padres.** Estas, tal vez, nunca fueron verbalizadas, pero tú las conoces porque puedes reconocer lo que era efectivo en la manera en la que te criaron. Jeanett y yo tuvimos unos principios bastante positivos que fueron modelados por el padre de ella, y estos fueron geniales para ayudarnos a ambos.

2. **Identifica las cosas negativas que te enseñaron o modelaron tus padres, que no fueron buenas destrezas de crianza.** Estas deben ser identificadas y discutidas con tu cónyuge, si estás casado, para darte apoyo y sentido de responsabilidad para asegurarte de que se están extinguiendo de tu repertorio de paternidad.

3. **Perdona.** Este es un paso importante. Si hubo abuso o injusticia en tu propia experiencia durante la niñez, debes, con la ayuda de Dios, soltar la ira y amargura que podría estar dentro de ti. El perdón no significa que estás diciendo que estuvo bien. Pero sí significa que estás soltando tu agarre del pasado y estás confiando en Dios para que él trate con esa persona o personas,

justamente. Cuando perdonas, la persona que es liberada eres tú mismo.
4. **Encuentra una comunidad o persona de apoyo.** Esto es gigante. Para nosotros, fue el Atlantic Street Center y nuestra iglesia, y personas como Art Kopicky y mi amistad con Jamie Bohnett. Encuentra personas y lugares donde puedas observar y ser reforzado con modelos saludables de paternidad.
5. **Recibe clases de crianza.** Podría sentirse humillante, invasivo, y hasta intrusivo al principio, el permitir que extraños entren en esta parte de tu vida, pero, es lo que deberías hacer si realmente quieres aprender y crecer.

Una nueva mentalidad

En lo que mis hijos entraban en la adultez, mis nuevas habilidades de crianza estaban, frecuentemente, siendo puestas a prueba. Por ejemplo, con mis hijos, siendo varones jóvenes afro estadounidenses, creciendo en una gran ciudad, había una gran cantidad de hoyos y problemas con los que me sentía constantemente obligado a tratar de alejarlos de. Pero, como lo había reconocido anteriormente, tenía que hacerles llegar mis mensajes *mentalmente* en lugar de *físicamente*.

Era una batalla lograr que se subieran los pantalones. Ahora, uno puede castigar a sus hijos; les puedes decir que se suban los pantalones, pero tiene que entender el por qué. Para mí, era más que un simple asunto de moda. Esto era lo que quería que entendieran mis hijos, a través de mi experiencia:

Verás, hijo, "los pantalones bajos" puede atraer la atención de la policía, quienes entonces van a querer saber quién eres, en caso de que seas un futuro violador en potencia. Entonces, cuando ellos te ven, un potencial candidato (identificado por algo como los "pantalones bajos"), te podrían cargar por algo sencillo, como cruzar la calle imprudentemente. En las calles, a esto lo llaman "señalarte"— te buscan, ven si estás en el sistema y toman nota de ti, en caso de que te vuelvan a ver. Por parte tuya, eres avergonzado, no le dices a tus padres y no pagas la multa. Pero entonces, cuando cumples 18 años, esa advertencia se convierte en una orden. Ahora, la policía tiene una razón para arrestarte, te toman las huellas y eres ingresado en "el sistema."

Por eso, ¿Ya puedes ver, hijo, por qué quiero que te subas los pantalones?

Ahora, ultimadamente, ¡yo no puedo andar siguiendo a mis hijos para asegurarme de que sus pantalones estén subidos! Pero ¿puedes ver cómo mis métodos han pasado de mano dura a lógica? Esta es una parte importante del proceso de desarrollar una nueva mentalidad de crianza.

Desarrollando padres

En D.A.D.S. nos dimos cuenta de que una parte importante del proceso de restaurar a padres ausentes es enseñarles a "ser padres" realmente. Para esto, mi amigo, Jamie me conectó con el National Center for Fathering–NFC– (Centro Nacional para la Paternidad), una organización de entrenamiento, basada en la fe, en el área de Kansas City. NCF había sido una organización con quien Jamie había trabajado mucho en los pasados diez años, y luego, el director, el Dr. Ken Canfield, se había convertido en un mentor y amigo para él. NCF estaba consciente de la gran necesidad de un entrenamiento en paternidad entre los padres urbanos y estaba comenzando a formular un entrenamiento pensado en esta población.

Jamie quería que yo conociera a Ken, pero también quería que Ken me conociera a mí y a otros, por lo que su fundación familiar patrocinó un seminario de entrenamiento de NCF para hombres que trabajaban con padres en el área de Seattle. Jamie reclutó a un grupo de siete hombres para que recibieran el entrenamiento, basado en el excelente libro para padres del Dr. Ken Canfield, *Seven Secrets for Effective Fathering (Siete secretos para una Paternidad Efectiva)*.

Al comenzar el seminario, yo estaba escéptico. Había ejemplos que yo sabía que no se podrían aplicar a los hombres con los que yo estaba trabajando, que estaban saliendo de los barrios. Pero lo que me dejó sin palabras fue una pregunta que nos hizo Ron Nichols, el facilitador: "¿Me podrías dar los nombres de los mejores amigos de tus hijos?" Yo quedé en cero. Yo sabía que mi hijo, Marvin Jr. se sabía los nombres de mis amigos, pero yo no me había tomado el tiempo para aprenderme los nombres de sus amigos. Ron explicó que, al no saber los nombres de los amigos de nuestros hijos, les estábamos enviando un mensaje: no nos preocupamos lo suficiente como para estar al tanto de su mundo. ¡Me hice cargo esa noche de aprenderme los nombres de los mejores amigos de mis hijos!

Ron me dejó saber de un nuevo currículum que estaba saliendo en el Center, llamado *Quenching the Father's Thirst (Saciando la sed del padre)*, desarrollado por el Dr. George Williams. Eventualmente, me fue posible ir a Kansas City y recibir ese entrenamiento. Fue ahí donde conocí al Dr. Ken Canfield, quien se convirtió en un mentor para mí. El currículum estaba justo en la marca, abordando temas como "padres no paternales" y "drama bebé mamá." Luego, repetí el entrenamiento con varios hombres de la comunidad con el Dr. George Williams como facilitador. Ahora, D.A.D.S. tenía una pieza de entrenamiento para implementar con nuestros padres.

Lo que se necesita para ser un buen padre

Quiero tomarme un espacio aquí para señalar algunos de los principios de paternidad más comunes e importantes que enfatizamos con nuestros hombres en nuestro programa de D.A.D.S.. Estos son clave para ayudar a vencer los patrones del pasado y construir patrones saludables nuevos para el futuro. Estos principios incluyen:

1. **Aprende a expresar apropiadamente tanto las emociones negativas como positivas**, y satisfacer las necesidades emocionales de los hijos. A los hombres, en general, en nuestra sociedad, se les ha enseñado que es apropiado expresar ciertas emociones, pero suprimir otras. Sin embargo, muchos hombres, particularmente aquellos con crianzas desventajosas o abusivas, han suprimido o negado emociones saludables para ya no tener que reconocerlas, o no las pueden manejar en las vidas de otros a su alrededor, como mujeres y niños. Esto los pone a ellos–y a sus hijos– en una desventaja extrema en la vida. A través del entrenamiento y la práctica, y a menudo un poco de sanidad, pueden aprender a ser emocionalmente saludables y crear un ambiente emocional saludable para sus hijos.

2. **Comunicando para relacionarte con los hijos** por medio de hablar y una escucha activa. Muchos de los hombres con los que trabajamos no son padres a tiempo completo y necesitan aprender a maximizar el tiempo que sí tienen con sus hijos. Las

relaciones necesitan ser cultivadas y nutridas, y hacemos hacer a través de la comunicación, la cual incluye las palabras que decimos, el tono que usamos, el lenguaje corporal que reflejamos y la escucha que hacemos. Como lo mencionamos anteriormente, cuando comencé a criar a mis hijos a tiempo completo, mi comunicación con ellos era orientada hacia hacer que ellos cumplieran mis deseos. El poder conocerlos como "personitas" fue toda una nueva experiencia para mí, y requirió de esfuerzo, entrenamiento y práctica. Una comunicación saludable con la meta de conectar emocionalmente con ellos fue la clave.

3. **Aprender a involucrarte con sus hijos** y entrar en el mundo de ellos a través del juego y el involucramiento personal. Ser un papá involucrado significa ser intencional. No es del todo cierto que la calidad de tiempo le gana a la cantidad de tiempo. ¡Tienes que tener suficiente cantidad para que se vuelva calidad! Los padres tienen el privilegio único de introducir a sus hijos en el mundo y de proveerles la seguridad y confianza para que lo puedan explorar. Pero, si los padres no se sienten cómodos relacionándose con sus hijos al nivel de ellos, esto puede resultar difícil. Nosotros le ayudamos a los padres a que aprendan a jugar con sus hijos en diferentes niveles, usando cosas como canciones, historias, la imaginación y juegos sencillos. En lo que los niños crecen, esto podría incluir juegos más complejos y actividades, deportes, pasatiempos, acampar, pesca, viaje por carretera y cocinar juntos.

Este último punto fue clave para mí, y para nosotros como familia. Necesitábamos aprender a jugar juntos y a disfrutar el uno del otro, y a tener un vínculo como familia. Una vez, una amistad generosa nos dio las llaves a su cabaña familiar en Laconner,

Washington, para que pudiéramos irnos de vacaciones. Pudimos ir ahí por una semana y pasar jugando en la playa. Recolectamos conchas, lanzamos piedras y jugamos fútbol sobre la plata. Durante una semana no hicimos nada del trabajo, solo jugar, y pudimos hablar y soñar nuestro futuro juntos.

Otro momento significativo fue cuando Jamie nos invitó a Marvin Jr. y a mí a acompañarlos a él y a su hijo Jeremy al río Skykomish a andar en kayaks. Yo nunca había hecho eso antes. Estaba totalmente fuera de mi elemento, pero Marvin y yo sobrevivimos la aventura–¡y la disfrutamos! Al día siguiente yo estaba tan sorprendido por lo que habíamos hecho que me llevé a mi tío Larron a pasear por la carretera 2 cerca de Gold Bar y Sultan, por donde habíamos hecho esto. Estas son cosas que las familias que crecen en la zona urbana de Seattle simplemente no hacen. Cuando tenemos la oportunidad de hacer algo como esto, nos llena de vida. Crea recuerdos familiares especiales que podemos atesorar juntos, y construir un fundamento fuerte para relaciones saludables.

Un poco de mis "No lo hagas como papá"

Con el tiempo, Jeanett y yo aprendimos algunos "No hacer", así como "Sí hacer" para una buena paternidad. Estas fueron cosas que más o menos se nos aparecieron, en los que tuvimos un momento de iluminación y que nos dimos cuenta de que teníamos que hacer ciertos ajustes. Las comparto con la expectativa de que puedan ser de ayuda para los lectores que también están cruzando este camino de una nueva travesía en la paternidad, después de salir de toda una vida, o aun una temporada, de modelos de paternidad no saludables:

1. **No seas un "padre helicóptero."** Algunos podrían pensar en esto como un problema más para los nerviosos, pero no es así. Como Jeanett y yo nos queríamos asegurar de que nuestros hijos no fueran arrastrados por las cosas que nos consumieron a nosotros, tratábamos de sobreprotegerlos. Vivíamos en un vecindario potencialmente peligroso; una noche, al llegar a casa del Family Center, ¡le dispararon al carro de Jeanett! Así que éramos muy cuidadosos, temiendo que cualquier día, una bala podría golpearles y quitarles su futuro. Nuestro temor pudo haber llevado a restricciones irracionales, pero nos dimos cuenta de que este tipo de mentalidad podría lisiar a nuestros hijos y dejarlos incapaces de enfrentar las realidades del mundo por su propia cuenta. Tienes que estar dispuesto a dejarlos luchar contra algunas adversidades, tomar algo de responsabilidad y soportar ciertos riesgos o incomodidades, a veces. Eso no los va a quebrar; los va a fortalecer en su ser.

2. **No intentes compensar el tiempo perdido.** Yo me quedé pegado en los años en los que había estado perdido, y me dejé llevar por la pena y el remordimiento. Esto se traspasó a la manera en la que me relacionaba con mis hijos. Más bien, ahora pienso en los años que me quedan para construir un futuro brillante. Esta es una ilustración gráfica que usé: Dibujé una línea de tiempo de mi vida, 0 a 80. Marqué donde, a los 30, me convertí en padre biológico, y a los 43, me convertí en un padre intencional. Yo no puedo recuperar esos 13 años donde estaba viviendo un estilo de vida destructivo que impactó dramáticamente a mis hijos. Sin embargo, puedo ver que tengo 37 años más o menos que—son una mucho mayor longitud de

tiempo–para hacer una inversión sustancial y un impacto en la vida de mis hijos. Debo enfocarme en esto.

3. **No los malcríes.** Esto está relacionado a los dos puntos anteriores. Al principio, Jeanett y yo intentamos de anticipar cada una de las necesidades de nuestros hijos, así como sus desilusiones y las compensábamos. Queríamos darles lo que nosotros no habíamos tenido, o lo que no les habíamos podido proveer en el pasado. El problema era que, comenzó a crear una expectativa en el espíritu de ellos, una mentalidad de mérito. ¡Y eso nos agotó, emocional y financieramente! No des en demasía para ganar el corazón de tus hijos o para compensar lo que pasó en el pasado. Teléfonos celulares, Xbox–estas pueden consumir a tus hijos y ellos te pueden comenzar a manipular por estas cosas; se enfocan en ellas y no en las relaciones en la casa. En lugar de eso, dales a tus hijos experiencias; las mejores salidas con aquellas que son nuevas para todos.

4. **No le huyas al sistema, ayúdales a navegar en él.**
Para aquellos que han sido criados aprendiendo a desconfiar de la luz, las autoridades, el sistema legal, etc., podría ser un verdadero desafío aprender a ver estas cosas como positivas en la vida y la sociedad Tenemos que enseñarles a nuestros hijos a respetar y a trabajar con el sistema, aun si no lo entendemos o nos desagrada.

Creo que, en la cultura urbana, muchas veces, lo único que las personas podrían sentir que les queda es su respeto. La razón, "Me has quitado ya todo lo demás, no voy a permitir que me quites mi respeto. Voy a luchar por mi respeto como un animal enjaulado."

Cuando al principio, Jeanett y yo recuperamos a nuestros hijos y se nos dio unos seis meses adicionales de monitoreo de CPS, yo estaba enojado y comencé a explotar en contra del juez. Nuestra trabajadora social me restringió y me motivó, muy sabiamente, a trabajar con eso. Por eso, nos volvimos inclusivos e hicimos un lugar para la "trabajadora de preservación familiar" que nos fue asignada. Ella podía entrar a nuestra casa mientras Jeanett preparaba la cena y yo servía de apoyo. Ella me observaba hablándole con autoridad, pero amablemente, a nuestros hijos, durante mis interacciones con ellos.

Fue algo particular incorporar a esta persona que venía a nuestra casa. Yo ya estaba enseñando clases de paternidad en el Family Center, por lo que la llevaba conmigo, lo cual creó una comunidad con ella y los demás padres, quienes nos estaban viendo navegar por todo este proceso. Fue una experiencia de crecimiento y aprendizaje para todos, y realmente nos ayudó a empezar a pensar en el "sistema" desde toda una perspectiva nueva.

La gracia de Dios continua

Jeanett me habló, de nuevo, dos palabras que yo había escuchado en dos ocasiones antes, por ella misma, un tiempo atrás, "Marvin, estoy embarazada." Esto fue más que una sorpresa. Yo tenía 54 años y Jeanett tenía 43. ¿Cómo iba a funcionar esto a nuestra edad? Luego pensé en una palabra que nos habían hablado en un servicio en la iglesia, "Dios confía en ustedes, Marvin y Jeanett." Pensé para mis adentros, *¿Cómo Dios puede confiar en mí con mi historial como* *padre? Yo no he sido un buen padre para mis primeros siete hijos, ¿cómo me puede confiar uno más?*

Este bebé sería una hermosa niña a quien llamamos Jamie-Michelle Dorothy Charles: Jamie por mi buen amigo Jamie Bohnett, Michele, en honor a Michelle Obama y Dorothy para recordar a la madre de Jeanett. Jamie entraría a la familia con unos papás casados, que están limpios y sobrios, parte de una comunidad y dadores, no quienes quitan. Esta sería toda una nueva experiencia para uno de mis hijos, la hija número ocho.

Ocho hijos. Cuatro varones y cuatro mujeres. Por el milagro de la gracia de Dios, ni uno solo ha seguido un estilo de vida criminal. No hay adicción a la cocaína entre ellos. Cada uno de ellos entiende la importancia del arduo trabajo y la educación en diferentes grados, no como se esperaría de ocho individuos con dos padres, pero cinco madres distintas. Los amo a todos y estoy orgulloso de ellos. Estoy creyendo y orando por cada uno de ellos que puedan encontrar éxito verdadero, y que puedan conocer a Dios, y encontrar lo mejor de Él para sus vidas. Me siento muy orgulloso de ser llamado...

... su padre.

ACERCA DE D.A.D.S.

Si echar una mirada a nuestras calles, hoy día, vas a ver hombres y mujeres jóvenes buscando modelos positivos. Las madres pueden hacer mucho, pero los niños necesitan a sus padres. Sin un modelo masculino fuerte en sus vidas, pueden sufrir de muchas maneras.

Como hemos hablado, los niños de familias sin padres han tenido más problemas de comportamiento en la escuela, y son más propensos de entrar en el sistema judicial juvenil. Les va peor en la escuela, y las escuelas hacen esfuerzos adicionales por educarlos. Adicionalmente, su consumo, estadísticamente mayor de drogas, alcohol y tabaco, así como salud mental y física empobrecida, puede provocar que hagan mayor uso de los sistemas de salud que aquellos niños provenientes de una familia con ambos padres.[34]

Dejando los efectos sobre los niños de lado, la Iniciativa Nacional de la Paternidad (National Fatherhood Initiative–NFI) también ha identificado la falta de paternidad como la acusa raíz de **$100 en gastos del dinero de los contribuyentes.** Según la NFI, el gobierno federal ha gastado al menos 99.8 billones de dólares proveyendo asistencia a las familias de los padres ausentes en el año 2006. En el estado de Washington, los clientes de D.AD.S. le han reducido estos costos al estado en un 30%. Si extrapolamos esta reducción en el porcentaje a lo largo de los Estados Unidos, ¡la reducción de los costos sería de aproximadamente 30 billones de dólares!

El Departamento de Manutención de Washington (Washington Department of Child Support) comparó su base de datos de 80,000 hombres con una deuda de manutención no pagada con los 2,700 clientes de D.A.D.S.. Esto fue lo que encontraron:

1. Los clientes de D.A.D.S. pagaron manutención en un 29% de rango mayor (52%) versus los no clientes de D.A.D.S. (41%).
2. Los clientes de D.A.D.S. redujeron de $36,000,000 a $10,800,000 la impresionante deuda de manutención, una reducción de un 30%.
3. aumentaron sus pagos de manutención en un año, a tal grado, que el estado de Washington ahorró más de $1.24 millones de Asistencia Temporal para Familias con Necesidad (TANF), cupones para comidas y Medicaid, entre septiembre 2012 a octubre 2013.

D.A.D.S. ha provisto servicios consistentemente, por más de 17 años sin cobrarle a sus clientes. Estos logros son posibles gracias a la combinación de tres factores:

- Asistencia en navegar por el sistema (planes de crianza, manutención y visitas infantiles).
- Ayudar a adecuar la deuda impuesta por manutención no pagada.
- Apoyar el compromiso de la comunidad con los padres y sus familias.

ACERCA DE D.A.D.S.

Nuestra población cliente es, predominantemente, no raza blanca, y alrededor de un 66% afro estadounidense. Cerca del 90% tienen un historial de prisión. Desde el 2004, D.A.D.S. ha provisto instructivos de *SER PADRES* a más de 250 hombres en programas de libertad condicional para laborar del Departamento Correccional del estado de Washington. Dicho departamento reportó que, a lo largo del período de diez años de 2004 al 2014, NINGUNO de los que habían completado el entrenamiento regresaron a la cárcel.

Para la mayoría de estos hombres, su motivación principal es el deseo de ingresar nuevamente a la vida de sus hijos. A través del proceso de D.A.D.S., son capaces de encontrar y mantener trabajos, pagar la manutención de sus hijos, adquirir vivienda y conducir a sus familias en maneras que dan como resultado que sus hijos se mantengan en la escuela, estén alejados de las drogas, fuera de pandillas y yendo a la universidad. Nuestras estadísticas hablan por sí solas:

1. Desde el 2001, D.A.D.S. ha provisto el servicio de grupos de apoyo semanales para más de 2,000 hombres en Seattle y Tacoma, Washington. Estos grupos le dan a los hombres habilidades cruciales de abordaje y sobrevivencia para aliviar el estrés que pone a sus familias en peligro de desintegración.
2. Del 2001 al 2014, aquellos padres en el estado de Washington, quienes fueron clientes de D.A.D.S., incrementaron sus pagos de manutención en un 12%, según la División de Manutención del estado (Division of Child Support)–DVS.
3. Del 2001 al 2014, los padres en el estado de Washington que fueron clientes de D.A.D.S., redujeron el monto total de pagos de manutención a niños de raza negra, en un adicional de $10.8 millones, según DCS.

ACERCA DE D.A.D.S.

La efectividad del programa de D.A.D.S. depende de la confianza que cada individuo desarrolla para con nuestro personal, nuestro proceso y la comunidad. Invertimos en construir una visión para una paternidad saludable, en varias maneras:

- **Administración de la manutención infantil:** D.A.D.S. provee una guía y asistencia a los padres que están con atrasos en sus obligaciones de manutención. Los padres aprenden a obtener términos más apropiados para sus pagos, lo cual le ayuda tanto a los padres, como a los niños. La consejería y asistencia de DADS aumenta la cantidad de dinero que va a la manutención, de sus clientes, y le ayuda a los padres a establecer un estado financiero sólido.
- **Asistencia para un plan de crianza:** D.A.D.S. ayuda a los padres a obtener y entender los documentos legales para la custodia y visitas.
- **Reunificación:** D.A.D.S. le ayuda a los padres a reunirse con sus hijos y familias.
- **Clases de paternidad:** D.A.D.S. ofrece la clase de paternidad Ser PADRES (Becoming DADS).
- **Grupos de apoyo:** Nuestros grupos de apoyo para hombres motivan a los padres a crecer en su compromiso para con sus familias. Los padres encuentran esperanza, ánimo y relaciones para llevar a cabo la difícil labor de convertirse en padres amorosos y responsables.
- **Manejo de casos:** D.A.D.S. provee una abogacía uno a uno. Esto incluye asistencia con referencias para conseguir vivienda, asistencia en búsqueda legal, rehabilitación de drogas y servicio de preempleo de manera individualizada. Servicios bilingües en español disponibles.

ACERCA DE D.A.D.S.

Juntos le podemos dar un giro

Nunca me deja de sorprender la cantidad de personas que se levantan para tomar un rol en este ministerio, como Freddie, un joven senior de la Universidad de Washington que se me acercó con respecto a hacer un internado con D.A.D.S. durante su último año de universidad. Él quería aprender cómo operábamos como una organización sin fines de lucro.

Freddie creció en Redmond, en el área próspera del este de Seattle, y tenía un corazón para involucrarse en ayudar a la zona urbana de Seattle. ¡En realidad no tenía idea de en lo que se estaba metiendo! Para su primera semana con nosotros, él estaba esperando afuera de nuestra oficina, en la parada de autobús, haciendo una tarea con su MacBook Pro en sus regazos. Un joven afro estadounidense se le acercó y le pidió su podía revisar su página de Facebook desde la laptop de Freddie. Freddie accedió y se la dio. Una vez que el muchacho tenía la computadora en su posesión, le indicó a Freddie que se la iba a llevar. Freddie sacó su teléfono y le dijo que iba a llamar a la policía. Por dicha, el joven se dio la vuelta y le regresó a Freddie su computadora, tratando de cubrir sus huellas. "Estoy vacilando contigo, hombre. ¡En realidad no te pensaba quitar tu laptop!"

Este fue el rudo despertar para Freddie en los barrios, pero no lo ahuyentó. Comenzó a hacer labores triviales en D.A.D.S., como contestar las llamadas telefónicas o anotar los mensajes. Luego, Freddie se familiarizó más con nuestro trabajo realizando ingresos, desarrollando planes de crianza y abordando asuntos de manutención, él dijo que quería echar una mirada a los datos, nuestros registros, para ver el impacto que D.A.D.S. estaba teniendo con las familias.

ACERCA DE D.A.D.S.

Todos los registros estaban accesibles; como son anónimos, no se podía cometer una fuga de confidencialidad. Él simplemente buscaba ver la demografía, edades, etnicidad, género, ingresos, etc. de nuestros clientes. Le entregamos los documentos y Freddie se puso a trabajar.

Cerca de un mes después, se nos acercó y nos dijo, "¿Se han dado cuenta de a cuántas personas han estado ayudando aquí?" Sabíamos que teníamos que recolectar todos los datos, pero no habíamos dado el siguiente paso de calcularlo, permitiendo que los datos hablasen y creasen un retrato del impacto que estaba teniendo D.A.D.S. Freddie fue quien nos enseñó que, ¡más de 6,100 niños habían sido conectados y reunidos con sus padres a través de nuestros esfuerzos!

Armado con este conocimiento, me fui a Child Support Services para ver si habíamos hecho una diferencia tangible con los clientes de ellos. Freddie comparó los números que tenía con lo que ellos habían podido hacer en Child Support Services, y compartimos esos números con el Departamento de Manutención Infantil (DCS). ¡Estaban asombrados! "El porcentaje de padres que pudimos ver mantener a sus hijos es del 90%. El de ustedes es del 88%." No podían creer lo cerca que estábamos nosotros al porcentaje de ellos. (Por medio de esto, nosotros—y ellos— reconocimos que estamos alcanzando a una población que ellos no habían podido alcanzar, porque esos individuos habían huido de cualquier interacción con el estado y/o sistemas.)

La información que Freddie nos ayudó a obtener nos permitió buscar apoyo de donantes en una manera que nunca habíamos hecho antes. Anterior a esto, teníamos historias (evidencia anecdótica), pero ahora teníamos datos contundentes para respaldar esas

ACERCA DE D.A.D.S.

historias. Teníamos la evidencia en papel de lo que habíamos visto con nuestros ojos y que sentíamos en nuestros corazones: ¡estábamos haciendo una diferencia!

Nuestras filas se siguen agrandando con otros que también quieren hacer una diferencia. Un dúo de padre e hijo, Frank y Greg, viajaron con nosotros a Tijuana, México, durante nuestro viaje misionero anual para levantar casas. Un buen amigo mío describe, entre bromas, este colorido viaje como "unos 25 hombres negros y blancos juntos, construyendo casas para dos familias cafés." En esta excursión, los hombres compartieron historias entre ellos y realmente establecieron vínculos, mientras estaban involucrados haciendo algo que, de seguro, está en el corazón de Jesús, ayudar al pobre.

Frank es arquitecto y Greg, su hijo de 20 años, estaba como estudiante en la Universidad del estado de Washington, para aquel entonces. Frank desarrolló un interés con nuestro ministerio, y comenzó a venir entre semana para ayudar con varias labores en la oficina. Cuando Greg llegaba a casa de la universidad, le ofrecimos un internado. Al igual que con Freddie, encontramos una manera que ayudar con sus talentos.

Él pudo tomar toda la información que Freddie había compilado y la transformó en varios gráficos.

Un gráfico que sobresalía para mí, la diferencia en la cantidad de hombres que pudimos ayudar cuando contratamos a un administrador a tiempo completo, y que pudimos mantener nuestra oficina abierta cinco días a la semana. ¡Pudimos ayudar, significativamente, a más hombres abriendo nuestras puertas dos días más por semana!

ACERCA DE D.A.D.S.

Lo que también pudimos ver fue que, en los primeros días, el nivel de ingreso de los hombres que podíamos ayudar era de un promedio de $10,000 al año. Obviamente, había mucho desempleo y empleo de baja paga. Pero ahora, el rango es mucho mayor. Sigue siendo un ingreso, mayormente, bajo, pero ahora más de los hombres a los que ayudamos están plenamente empleados. Estos datos tienen grandes implicaciones para el futuro levantamiento de fondos y expansión de oficinas de D.A.D.S. en todo el estado de Washington.

Si estás en o cerca del área de Seattle, te invitamos a que visitas las oficinas de D.A.D.S office en 411 12th Ave., Ste. 300. Déjate llegar en cualquier momento, o visita nuestra página web: http://www.aboutdads.org. ¡Estamos aquí para servir!

Para comunicarte con las oficinas de D.A.D.S:

- www.aboutdads.org | Oficina de Seattle (206) 722-3137 | 411 12th Ave, Suite 300, Seattle, WA 98122
- Oficina de Tacoma (253) 231-3164 | 10402 Kline Street SW Suite 111, Lakewood, WA 98499

ACERCA DE LOS AUTORES

Ministro Marvin L. Charles, Sr. es un ministro ordenado y el fundador y director ejecutivo de Servicios de Alternativas Divinas para Padres una organización dedicada a restaurar a padres ausentes a través de una comunidad de apoyo, ayudando a navegar entre las barreras relacionales y legales que los separan de sus hijos. Él es un orador frecuente en los Estados Unidos, hablando acerca de empoderar a los padres y compartiendo su éxito con otras organizaciones con la expectativa de que sigan su ejemplo. Marvin y su esposa, Jeanett, son una historia viva de éxito en restauración familiar y son los orgullosos padres de ocho hijos.

Jamie Bohnett ha sido un defensor de la paternidad comprometida en el área de Seattle, a través de sus escritos, facilitando grupos de hombres y eventos especiales, y el otorgamiento de becas por medio de la fundación de su familia. Él posee un grado de Maestría en Emprendedurismo Social de la Northwest University, y actualmente trabaja con su esposa, Colleen, en un restaurante propio, el cual pudieron construir juntos para convertirse en una "empresa comercial con expresiones de caridad." Jamie es el padre de cuatro hijos adultos, abuelo de cuatro y reside en Bellingham, Washington.

NOTAS FINALES

1. Peterson, Eugene, *A Long Obedience in the Same Direction*, 2nd edition, InterVarsity Press, Westmont, IL: 2000, p. 11.
2. Kramer, Stephanie. "U.S. Has World's Highest Rate of Children Living in Single-Parent Households." Pew Research Center: PewResearch.org. December 12, 2019. https://www.pewresearch.org/short-reads/2019/12/12/u-s-children-more-likely-than-children-in-other-countries-to-live-with-just-one-parent/18.3 million (21.5%) total children live in single mother households
3. Brewer, Jack. "Fatherlessness and Its Effects on America." American First Policy Institute: AmeriffanFirstPolicy.com. https://america firstpolicy.com/latest/issue-brief-fatherlessness-and-its-effects-on-american-society
4. Los números están calculados según la encuesta 2019 American Community Survey, y Lydia R. Anderson, Paul F. Hemez, y Rose M. Kreider, "Living Arrangements of Children: 2019," Current Population Reports, P70-174, U.S. Census Bureau, Washington, DC, 2021.
5. U.S. Census Bureau, "Living Arrangements of Children under 18 Years/1 and Marital Status of Parents by Age, Sex, Race, and Hispanic Origin/2 and Selected Characteristics of the Child for all Children 2010," *Current Population Survey*, Table C3. Internet Fecha de publicación: noviembre, 2010.
6. Nord, Christine Winquist, and Jerry West. *Fathers' and Mothers' Involvement in their Children's Schools by Family Type and Resident Status*. Table 1. (NCES 2001-032). Washington, DC: U.S. Dept. of Education, National Center of Education Statistics, 2001.
7. U.S. Census Bureau, "Family Structure and Children's Living Arrangements 2012," *Current Population Report*, 1 de julio, 2012.
8. McDonald, Shawn, *Rise*, Shawn McDonald, N.d. CD.

9. Martin, J.A., Hamilton, B.E., Osterman, M.J.K., Driscoll, A.K. "Births: Final Data for 2018." *National Vital Statistics Reports*, vol 68, No.13. Hyattsville, MD: National Center for Health Statistics. 2019.
10. U.S. Census Bureau, *Family Structure and Children's Living Arrangements 2012*. Current Population Report, July 1, 2012. http://www.fathers.com/statistics-and-research/the-extent-of-fatherlessness/. Accesado el 7 de abril, 2015.
11. Mateo 4:1-11
12. U.S. Census Bureau, Current Population Survey, America's Families and Living Arrangements: Table C-8: "Poverty Status, Food Stamp Receipt, and Public Assistance for Children Under 18 Years." [Internet release date: November 2021]. Web-based data files available at: https://www2.census.gov/programs-surveys/demo/tables/families/2021/cps-2021/.
13. Juan 10: 14, 27
14. Jerome G. Miller, "Search and Destroy: The Plight of African American Males in the Criminal Justice System," Alexandria, VA: National Center on Institutions and Alternatives, 1992.
15. Fuente: Census Bureau. "Living Arrangements of Children Under 18 Years Old: 1960 to Present." U.S. Census Bureau, July 1, 2012. http://www.census.gov/population/socdemo/hh-fam/ch5.xls.
16. U.S. Census Bureau, "Children's Living Arrangements and Characteristics: March 2011," Table C8. Washington D.C.: 2011.
17. U.S. Department of Health and Human Services, "ASEP Issue Brief: Information on Poverty and Income Statistics," 12 de septiembre, 2012.
18. Hoffmann, John P., "The Community Context of Family Structure and Adolescent Drug Use," *Journal of Marriage and Family* 64 (May 2002): 314-330.
19. U.S. Department of Health and Human Services, National Center for Health Statistics, "Survey on Child Health," Washington, DC, 1993.
20. Hofferth, S. L. (2006). Residential Father Family Type and Child Well-Being: Investment versus Selection. Demography, 43, 53-78.
21. *The Lancet*, Jan. 25, 2003 • Gunilla Ringbäck Weitoft, MD, Centre for Epidemiology, the National Board of Health and Welfare, Stockholm, Sweden • Irwin Sandler, PhD, Professor of Psychology and Director of the Prevention Research Center, Arizona State University, Tempe • Douglas G. Jacobs, MD, Associate Clinical

Professor of Psychiatry, Harvard Medical School; and Founder and Director, The National Depression Screening Program • Madelyn Gould, PhD, MPH, Professor of Child Psychiatry and Public Health, College of Physicians and Surgeons, Columbia University; and Research Scientist, New York State Psychiatric Institute. http://www.webmd.com/baby/news/20030123/absent-parent-doubles-child-suicide-risk. Accesado el 7 de abril, 2015.

22. Tillman, K. H. (2007). "Family Structure Pathways and Academic Disadvantage among Adolescents in Stepfamilies," *Journal of Marriage and Family*.

23. Edward Kruk, Ph.D., "The Vital Importance of Paternal Presence in Children's Lives." May 23, 2012. http://www.psychologytoday.com/blog/co-parenting-after-divorce/201205/father-absence-father-deficit-father-hunger. Accesado el 7 de abril, 2015.

24. Los números están calculados según la encuesta 2019 American Community Survey, y Lydia R. Anderson, Paul F. Hemez, y Rose M. Kreider, "Living Arrangements of Children: 2019," Current Population Reports, P70-174, U.S. Census Bureau, Washington, DC, 2021.

25. Stephen Demuth and Susan L. Brown, "Family Structure, Family Processes, and Adolescent Delinquency: The Significance of Parental Absence Versus Parental Gender," *Journal of Research in Crime and Delinquency* 41, No. 1 (February 2004): 58-81, http://familyfacts.org/briefs/26/marriage-and-family-as-deterrents-from-delinquency-violence-and-crime.

26. Centers for Disease Control and Prevention. National Marriage and Divorce Rate Trends for 2000-2021

27. Knoester, C., & Hayne, D.A.,"Community Context, Social Integration into Family and Youth Violence," *Journal of Marriage and Family* 67 (2005), 767-780.

28. Heather A. Turner, "The Effect of Lifetime Victimization on the Mental Health of Children and Adolescents," *Social Science C Medicine*, Vol. 62, No. 1, (Enero 2006), pp. 13-27.

29. Hendricks, C.S., Cesario, S.K., Murdaugh, C., Gibbons, M.E., Servonsky, E.J., Bobadilla, R.V., Hendricks, D.L., Spencer-Morgan, B., & Tavakoli, A. (2005).

30. Teachman, Jay D. "The Childhood Living Arrangements of Children and the Characteristics of Their Marriages," *Journal of Family Issues* 25 (Enero 2004), 86-111.

NOTAS FINALES

31. Fuente: U.S. Census Bureau, Current Population Survey, "Living Arrangements of Children under 18 Years/1 and Marital Status of Parents by Age, Sex, Race, and Hispanic Origin/2 and Selected Characteristics of the Child for all Children 2010." Table C3. Accesado el 15 de julio, 2015.
32. Fuente: Center for Disease Control and Prevention, National Vital Statistics System, "National Marriage and Divorce Rate Trends." http://www.cdc.gov/nchs/nvss/marriage_divorce_tables.htm Accesado el 15 de julio, 2015
33. Fuente: U.S. Census Bureau, "Children's Living Arrangements and Characteristics": March 2011, Table C8. Washington, D.C., 2011. Accesado el 15 de julio, 2015.
34. David Autour and Melanie Wasserman, "Wayward Sons: The Emerging Gender Gap in Education and Labor Markets," Third Way Think Tank: 2015, http://content.thirdway.org/publications/662/Third_Way_Report_-_NEXT_Wayward_Sons-The_Emerging_Gender_Gap_in_Labor_Markets_and_Education.pdf. Accesado el 21 de julio, 2015.
35. Pew Research Center, Social and Demographic Trends, "The Rise of Single Fathers," http://www.pewsocialtrends.org/2013/07/02/the-rise-of-single-fathers. Accesado el 15 de julio, 2015.
36. Congressional Research Service, "Spending for Federal Benefits and Services for People With Low Income," http://www.scribd.com/doc/110366590/Spending-for-Federal-Benefits-and-Services-for-People-With-Low-Income-FY08-FY11. Accesado el 15 de julio, 2015.
37. Gretchen Livingston and Kim Parker, "A Tale of Two Fathers," Social and Demographic Trends, Pew Research Center: June 15, 2011. http://www.pewsocialtrends.org/2011/06/15/a-tale-of-two-fathers/#living-apart-from-the-kids. Accesado el 27 de septiembre, 2015.
38. Mateo 3:17
39. National Fatherhood Initiative, "The Cost of Fatherhood Absence," *Father Facts*, http://www.fatherhood.org/ff7-sample. Accesado el 7 de abril, 2015

Otros libros y recursos de Marvin Charles y D.A.D.S.

El *Currículum Innovador para la Paternidad de Ser PADRES*, por Marvin Charles y George Williams, Ph.D., está diseñado para educar y empoderar a los hombres en situaciones desafiantes, para que tomen la responsabilidad y acción requerida para que sus hijos puedan crecer y ser exitosos. Con las guías de participante y facilitador, este aclamado currículum es ideal para usar en grupos, o en un mentoreo de uno a uno, con hombres que quieran crecer en sus destrezas paternas.

ISBN 978-1-952943-33-1

La Inducción de *Haciendo PADRES y Manual de Recursos*, por Marvin y Jeanett Charles, es el recurso por excelencia para las organizaciones que desean establecer sus propios servicios de "D.A.D.S.". Este es el manual que incorpora, en un solo volumen, la visión, estrategia y pasos prácticos para iniciar y administrar un ministerio de D.A.D.S.–una comunidad de apoyo compuesta por amigos que trabajan unidos para reunir familias. Aquí encontrarás la información y consejos para ayudarte a comenzar, levantar tu equipo y establecer tu oficina y servicios para clientes.

ISBN 978-1-952943-98-0

ISBN 978-1-952943-99-7

Los libros de Marvin Charles y recursos curriculares están disponibles en *Amazon.com, BarnesandNoble.com,* o en cualquier lugar donde se venda libros. Para descuentos al por mayor, pregunta directamente en la página de contacto en *AboutDads.org.*

ISBN 978-1-952943-12-6

www.ingramcontent.com/pod-product-compliance
Lightning Source LLC
Chambersburg PA
CBHW070139080526
44586CB00015B/1754